논·술·세·계·대·표·문·학

23

수호지

시내암 | 김회선 엮음

H 훈민출판사

중국 베이징의 천단 공원 전경

The Best World Literature

만리장성의 전경

중국 장가계 지방의 농촌 풍경

중국 자금성의 전경

중국 천안문 광장

民共和国万岁　世界人民大团结万

중국 4대 미인인 양소군의 기념비

중국 토가 족의 여인들

고대 중국의 우마차

중국 이족의 여인과 어린이들

The Best World Literature

호화호투의 양소군 기념비

중국 한나라 시대의 2층집

구인환(丘仁煥)

서울대학교 사범대학 졸업. 동 대학원 졸업(문학박사)
서울대학교 명예교수, 소설가(현). 서울대학교 사범대학 국어교육연구소 소장(현)
문학과문학교육연구소 소장(현). 국제펜 한국본부 부회장(현)
한국소설문학상(1987). 예술문화대상(1994). 한국문학상(2000)
작품 〈숨쉬는 영정〉, 〈살아 있는 날들〉, 〈일어서는 산〉 외 다수

- **저서** 《한국단편소설의 이해》, 《한국현대소설의 비평적 성찰》,
  《고교생이 알아야 할 소설》, 《고교생이 알아야 할 세계단편소설》 외 다수

윤병로(尹柄魯)

성균관대학교 국어국문학과 졸업. 동 대학원 졸업(문학박사)
성균관대학교 교수, 문학평론가(현). 한국현대소설학회장(현)
한국문예학술저작권협회 이사(현). 한국간행물윤리위원회 위원(현)
한국펜 문학상(1987). 한국문학상(1988). 대한민국문학상(1989)
수필집 《나의 작은 애인들》 외 다수

- **저서** 《현대 작가론》, 《한국 현대 소설의 탐구》,
  《한국 근대 작가 작품 연구》, 《한국 현대 작가의 문제작 평설》 외 다수

홍성암(洪性岩)

고려대학교 국어국문학과 졸업. 한양대학교 대학원 국어국문학과 졸업(문학박사)
동덕여자대학교 교수, 소설가(현). 한국문인협회 회원(현)
한국소설가협회 이사(현). 국제펜 한국본부 소설분과 이사(현). 한민족 문화학회 회장(현)
창작집 《큰 물로 가는 큰 고기》, 《어떤 귀향》 외
대하역사소설 《남한산성》(전9권) 외 다수

- **저서** 《문학의 이해》, 《현대 작가론》, 《한국 근대 역사소설 연구》 외 다수

기획 · 감수

중국 한나라 시대의 복장

논술 *세계대표문학*을 펴내며

21세기의 사회는 '**전자 문명 시대**'라 일컬어질 만큼 오늘날 전자 산업은 우리 생활의 거의 모든 분야에 다양하게 응용되고 있습니다. 출판 분야 또한 예외는 아니어서, 종래의 서책(Book) 대신에 이른바 '전자책(CD-ROM)'의 출간이 최근 들어 날로 증가하고 있습니다.

그러나 이러한 전자책은 영상 또는 모니터상으로 흥미 위주나 백과사전식 지식을 습득하는 데는 효과적일지 모르지만, 문학 공부를 위해서는 별로 도움이 되지 않습니다. 바꾸어 말하면, 문학 공부는 각 지면마다 살아 숨쉬는 표현 하나하나를 독자 자신의 머리로 음미하면서 작품을 읽어 나가는 가운데, 풍부한 상상력의 배양과 함께 작가의 의도와 그 작품의 내면을 깊이 있게 이해함으로써 이루어지는 것입니다.

이에 훈민출판사에서는, 자라나는 학생들이 범람하는 영상 매체에 길들여지기 전에, 어려서부터 유명한 세계문학 작품들을 책자를 통하여 감명 깊게 읽고 감상함으로써, 올바른 문학 공부의 기틀을 다지고, 아울러 전인 교육도 할 수 있도록 《논술 세계대표문학(전60권)》을 펴내게 되었습니다.

작품 선정은, 초·중·고등학교 국어 교과서와 역사 교과서에 실리거나 소개된 문학 작품을 중심으로 하되, 그리스 신화와 성경 이야기 등의 고전에서부터 중세·근대·현대에 이르기까지 세르반테스·셰익스피어·톨스토이 등 세계 유명 작가들의 장·단편 소설들을 엄선·수록하였습니다. 또 세계의 명시도 별권으로 엮었으며, 특히 각 단락마다 '**논술 문제**'를 제시하여, 장차 대학입시를 비롯한 각종 '논술 고사'에 예비 지식을 쌓을 수 있도록 배려하였습니다. 아무쪼록, 이 《논술 세계대표문학(전60권)》이 자라나는 학생들에게 문학 공부의 주춧돌이 되고, 나아가 미래를 살아가는 데 **정신적 자양분**이 되기를 진심으로 바라 마지않습니다.

훈민출판사

차례

수 호 지

시 내 암

지은이

1296~1370? 중국 원나라 말에서 명나라 초기를 풍미했던 소설가. 시내암은 작품만 전할 뿐 그의 생애나 행적에 대해서는 거의 알려진 바가 없다. 확실한 것은 이름이 자안이라는 것과 호가 내암이라는 것 정도이다.

전하는 말에 의하면 원나라 말에 관직에 나아갔으나 상급자와 관계가 좋지 못하여 고향으로 돌아와 문학 창작에 몰두했다고 한다. 일반적으로는 〈수호전〉의 작가로 알려져 있으나 자료만 수집, 기록하고 정리는 나관중이 했다는 설, 시내암이 지은 것을 나관중이 편찬했다는 설, 71회까지만 시내암이 짓고 나머지는 나관중이 덧붙였다는 등의 말들이 나돌고 있다. 하지만 〈삼국지연의〉,〈수당지전〉 같은 작품은 나관중과 공동으로 창작했다.

수 호 지

왕진과 사진의 만남

"저기 기가 막히게 공을 잘 다루는 사람을 이리 불러 오게."

곧 신하는, 공을 가지고 마치 자신의 몸처럼 이리저리 재주를 부리고 있는 사람을 황제 앞으로 데리고 갔다.

"그대는 어디 사는 누군가?"

"동경 성 안에 사는 고구라 합니다."

"앞으로 자주 자네를 부를 테니 그 신기한 재주를 종종 보여 주게."

중국 송나라 황제 철종은, 공을 다루는 재주가 남다른 고구라는 사람을 곁에 두고 그를 총애하였다. 사실 고구는 성품이 게으른 사람으로, 술과 공놀이를 하는 것으로 하루하루를 지내곤 했다. 그러다 황제의 눈에 띄어 80만 금군을 호령하는 태위의 자리를 얻게 되었다.

'아, 마치 꿈을 꾸는 것 같구나. 내가 황제의 군사를 마음대로 다룰 수 있는 제일 높은 자리에 앉다니.'

고구는 자신의 높은 지위를 이용해 마구 권력을 휘둘렀다. 뇌물을 주고 아첨을 하는 자에게는 후하게 대해 주었지만, 그렇지 못한 자들에게는 온갖 수단과 방법을 동원하여 괴로움을 주었다.

금군의 무술 교관 중 으뜸인 왕진이라는 사람 역시 꼿꼿한 성격 때문에 고구에게도 늘 눈엣가시처럼 여겨졌다.

"왕진은 이미 내 편이 되기엔 글러먹은 놈이야. 항상 옳은 말을 해서 내 속을 긁어놓는단 말이야."

"맞아요. 저런 놈은 그냥 놔 두었다간 결국 손해를 볼 게 뻔합니다. 어서 손을 써서 없애 버려야 합니다."

고구는 부하들과 머리를 맞대고 왕진에게 하지도 않은 죄를 뒤집어씌울 계획을 세웠다. 다행히 고구의 부하 중 한 명이 이 소식을 왕진에게 미리 귀띔을 해 주었다.

"이곳에 계시다간 죽음을 면치 못할 것입니다. 여기를 떠나 먼 곳으로 가십시오."

"아, 어쩌면 좋단 말이냐?"

자신의 일과 정든 곳을 떠나야 한다는 사실은 기가 막힐 노릇이었지만, 그대로 머물러 있다가는 목숨이 달아날 판이었다. 왕진은 눈물을 머금고 짐을 꾸려 늙은 홀어머니를 모시고 동경을 떠났다.

무작정 길을 떠난 왕진은 해가 지고 어둑해질 무렵, 사가촌이라는 한 마을에 도착했다.

"저기 수양버들이 늘어진 집에 찾아가 하룻밤 신세를 져야겠군. 어머니, 조금만 기운을 내십시오."

"그래, 어서 가 보자."

왕진 모자의 부탁을 기꺼이 받아들인 집주인은 하인을 시켜 깨끗한 방으로 그들을 안내해 주었다.

다음 날, 날이 밝자 허연 수염을 길게 늘어뜨린 집주인은 왕진 모자가 있는 곳으로 건너왔다.

"밤새 잘 주무셨나요?"

"덕분에 편안히 잤습니다."

"그럼 조금 있다가 아침상을 내오라 하겠습니다."

"아닙니다. 지금 짐을 정리하고 막 떠나려던 참이었습니다."

더 이상 폐를 끼치는 것이 미안한 왕진은 어머니와 함께 길을 떠나기 위해 뜰을 내려섰다.

"얍!"

넓은 마당에서 한 젊은이가 큰 소리로 기합을 넣으며 무술 연습을 한창 하고 있었다. 금군의 무술 교관이었던 왕진이 그냥 보아 넘길 리가 없었다. 젊은이의 모습을 잠시 바라보던 왕진이 무심결에 한 마디 했다.

"자세는 좋은데 아직 멀었군."

사방이 조용한 이른 아침이었으므로, 그의 말은 무술 연습을 하고 있던 젊은이에게까지 들렸다.

"지금 뭐라고 했소? 내 솜씨를 비웃는 것을 보니 무술 실력이 대단하신가 본데 어디 한번 겨루어 봅시다!"

화를 벌컥 내며 젊은이가 왕진 앞으로 다가섰다. 그 때 마침 왕진 모자를 뒤따라 나오던 늙은 집주인이 젊은이를 나무랐다.

"우리 집에 온 손님에게 무슨 무례한 짓이냐?"

집주인은 다시 왕진에게 머리를 숙여 사과를 했다.

"제 아들의 무례함을 용서하시오. 제가 보기에 손님은 무술에 능하신 것 같은데, 괜찮으시다면 제 아들에게 한 수 가르쳐 주십시오."

"보잘것없는 솜씨입니다만 원하신다면 그렇게 하겠습니다."

두 사람의 말을 듣고 있던 젊은이가 기가 막히다는 표정을 지었다.

"어디다 대고 그런 거짓말을 마구 지껄이느냐? 네놈이 입을 함부로 놀리지 못하도록 이 몽둥이가 혼을 내 줄 테니 잔말 말고 덤벼라!"

"성미 한번 꽤 급하군."

왕진은 한번 씩 웃더니 몽둥이를 집어 들었다. 두 사람의 결투는 그리 오래 가지 못했다. 젊은이가 왕진을 향해 몽둥이를 날리려는 찰나,

왕진의 몽둥이가 이를 막아내며 멀리 쳐냈기 때문이다.

"앗!"

젊은이가 몽둥이를 잃고 멍해 있는 순간, 다시 왕진의 몽둥이가 청년을 향해 날아들었다. 결국 젊은이는 바닥에 나가떨어졌다.

"자, 일어나시오."

왕진이 손을 내밀자 젊은이는 얼른 무릎을 꿇었다.

"제가 자만했어요. 그 동안 이름난 스승을 찾아다니며 배운 솜씨인지라 스스로 만족해 왔는데, 오늘에야 비로소 깨달았습니다. 부디 못난 저를 용서하시고 제자로 받아 주십시오."

곁에 있던 늙은 집주인도 아들의 말을 거들었다.

"부탁입니다. 마땅히 가실 곳이 정해 있지 않다면, 여기에 머물면서 제 아들의 무술을 지도해 주시지요."

"뜻이 그러시다면 그렇게 하지요."

왕진 모자 역시 특별히 갈 데가 없었던 터라 그들은 이 곳에 머물기로 했다. 그 날부터 왕진은 젊은이에게 무술 전반에 이르는 18가지 무예를 차근차근 가르쳐 주었다.

"무예 십팔반이란 활과 창, 칼과 도끼 등 여러 가지 도구를 올바르게 쓰는 것이다. 도구를 쓸 땐 마음을 한 곳에 집중한 뒤, 마치 자기 몸의 일부를 다루듯 해야 한다는 것을 명심해라."

"예, 명심하겠습니다."

이 집 아들의 이름은 '사진'으로, 그는 몸에 아홉 마리의 청룡을 그려 넣고 다녀, 마을 사람들은 그를 구문룡 사진이라 불렀다.

어느덧 6개월이 지나고 사진의 무술 실력도 날이 갈수록 능란해졌다.

그러던 어느 날, 왕진은 사진 부자를 불러 떠날 결심을 밝혔다.

"이제 사진은 제가 없어도 될 만큼 무술이 뛰어납니다. 게다가 저와

어머니는 고 태위의 눈을 피해 다니는 몸이라, 이 곳에 계속 머물게 된다면 언젠가는 여러분에게도 화가 미치게 될 것입니다. 이만 떠나 도록 하겠습니다."

"아, 스승님! 좀더 머물러 주십시오."

사진 부자는 떠나려는 왕진을 말렸으나 왕진의 마음은 움직이지 않았 다. 사진은 왕진 모자를 멀리까지 바래다 주는 것으로 그 서운함을 달 랠 수밖에 없었다.

스승인 왕진이 떠난 뒤 얼마 지나지 않아 사진의 아버지가 돌아가셨 다. 사진은 아버지의 장례식을 마친 뒤, 하인들을 불러모았다.

"이제부터 집안일은 모두 너희들에게 맡기겠다. 그러니 각자 맡은 일 에 충실히 해 주기 바란다."

사진은 그 뒤로 무술을 익히는 것에만 전력을 기울였고, 그의 무술 실력은 이제 널리 알려질 만큼 소문이 났다.

무척 더운 어느 여름날, 열심히 무술 연습을 하던 그가 수양버들 아 래에 앉아 흐르는 땀을 식히고 있었다.

'저건 사람의 머리가 아닌가?'

담 밖으로 웬 사람의 머리가 이리저리 움직이며 집 안을 기웃거리고 있는 것이 언뜻 눈에 띄었다.

"웬 놈이냐?"

"나리, 전 사냥꾼 이길이라고 합니다. 댁의 하인 구을랑과 술이나 한 잔 하려고 왔는데, 나리께서 계시기에 어쩔까 하고 망설이던 중입니 다."

이길은 집주인 사진의 눈에 띄자 사실대로 말했다.

"그랬군. 마침 자네에게 물어 보려던 말이 있었네. 요즘 어째서 사냥 에서 잡은 것들을 팔러 오지 않는가?"

"저도 답답한 노릇입니다만, 요즘 소화산에는 산적들이 쫙 퍼져 있어 근처에 얼씬도 못합니다. 첫째 두령은 주무, 둘째 두령이 진달, 셋째 두령이 양춘으로, 군졸들도 힘을 쓰지 못할 정도라고 합니다."

사진은 곧 마을에 잔치를 벌여 젊은이들을 불러모았다.

"여러분도 소화산의 산적 떼들에 대한 소문을 들었을 것이오. 이 곳 사가촌에서 그리 멀리 떨어진 곳이 아니니, 얼마 안 가 필시 그 놈들이 우리를 공격해 올 것이 틀림없소. 우리도 미리 그에 대한 준비를 해 두고 힘을 합해 산적들을 막아 내기로 합시다."

"사진 나리의 명령을 따르겠어요."

마을에서 산적 떼들에 대한 준비를 하고 있을 무렵, 소화산의 세 두령 또한 둘러앉아 의논을 하고 있었다.

"형님, 관군이 우리 산채를 토벌하러 온다고 합니다. 어쩌면 좋죠?"

"흠, 관군과 대적하려면 우선 군량미가 모자라지 않게 준비를 해 두어야겠군. 그러자면 근처 마을을 털어야 하는데……."

성미가 급한 둘째 두령 진달이 나섰다.

"사는 것도 넉넉하고 거리도 가까운 화음현을 습격합시다!"

그러자 셋째 두령 양춘이 손을 내저으며 반대를 했다.

"안 되오. 화음현을 가려면 필히 사가촌을 지나야 합니다. 그런데 아시다시피 사가촌에는 구문룡이라는 호걸이 있어요. 좀 멀더라도 포성현으로 가는 것이 좋을 것입니다."

둘째 두령 진달이 자리에서 벌떡 일어섰다.

"산적들의 배짱이 그 정도여서야 어디 관군들을 상대할 수나 있겠소? 그만들 두시오. 나 혼자 다녀오리다."

진달은 부하 150명을 이끌고 그길로 사가촌을 향해 말을 달렸다. 산적이 몰려온다는 소식은 곧 사진의 집에 전해졌고, 마을 사람들은 손에 몽둥이를 집어 들고 너나할것없이 모여들어 마을 입구로 나섰다.

백마를 타고 오던 진달은 마을 입구에서 턱 버티고 서 있는 사진을 발견했다. 진달은 말에서 허리를 굽혀 공손히 말했다.

"저는 소화산에 사는 진달이라고 합니다. 산채에 먹을 것이 부족하여 급히 화음현으로 양식을 구하러 가는 길에, 할 수 없이 이렇게 사가촌을 지나게 되었소. 부디 길을 비켜 주시면 돌아오는 길에 감사의 인사를 드리겠소."

"무슨 소리냐? 도둑질을 하러 가는 놈에게 길을 내줄 것 같으냐? 순순히 네 잘못을 인정하고 결박을 받아라!"

"허, 안 되겠군. 젊은 놈이 매우 버릇이 없구나!"

진달은 더 이상 참을 수가 없어 칼을 빼들었다. 사진 역시 물러서지 않고 맞붙어 싸웠다. 서로 칼을 휘두르며 싸우기를 수십 합을 하는 동안 사진은 말을 탄 채 뒤로 한 걸음 물러섰다.

"오라, 이제야 기운이 빠진 모양이군. 자, 마지막 내 칼을 받아라!"

성미가 급한 진달은, 뒤로 빠지는 사진을 향해 틈을 주지 않고 칼을 마구 휘둘렀다. 사진은 진달이 정신이 없는 틈을 타 정확히 진달의 허리를 공격했다.

"아차!"

진달은 그만 말 아래로 굴러 떨어졌다. 그의 부하들은 두령이 마을 사람들에게 붙잡힌 꼴을 보고 걸음아 나 살려라 하고 내빼기 시작했다.

"자, 이제 마을로 돌아가서 잔치를 벌입시다. 여러분! 수고하셨소."

"나리, 저 놈을 어떻게 할까요?"

"아직 소화산엔 주무와 양춘이 남아 있으니 두 놈을 마저 잡은 뒤 세 명을 함께 관아로 넘기기로 합시다."

마을 사람들은 징을 치며 결박을 지은 진달을 끌고 마을로 돌아갔다.

이 무렵 잽싸게 소화산으로 내뺀 진달의 부하들은 급히 주무와 양춘에게 이 사실을 알렸다.

"헉헉! 지금 진 두령이 사가촌의 사진에게 생포되었습니다. 마을 사람들과 함께 이 곳으로 몰려오려고 기세가 등등합니다."

"형님, 그냥 보고만 있을 수는 없습니다. 우리 쪽에서 먼저 저들을 공격해야 합니다."

사태가 위급해진 것을 안 셋째 두령 양춘이 앞장을 섰다. 그러나 주무는 고개를 가로저으며 양춘을 말렸다.

"아니야, 지금 우리 형편이 좋지를 않아. 곧 관군이 우리를 잡으러 내려온다고 하질 않나. 쓸데없는 싸움을 벌여 기운 뺄 필요가 없어."

"그럼, 진달을 저대로 놔 두려고 하십니까?"

"내게 좋은 생각이 있어. 어서 사가촌을 향해 떠날 준비를 하게."

소화산의 두 두령은 말을 달려 사가촌을 향했다. 마을에서는 북쪽 문에 보초를 세워 산적들의 움직임을 보고하게 했다.

"지금 소화산에서 두 명이 급히 말을 달려 이 곳으로 오고 있습니다."

"기다리고 있었다. 내 두 놈을 밧줄로 묶어 잡아 오겠다."

사진은 말을 달려 북쪽을 향해 내달았다.

'이상하군. 어째서 부하들을 한 놈도 거느리지 않고 두 두령만 저렇게 무릎을 꿇고 앉아 있는 걸까?'

주무와 양춘은 멀리서 사진을 발견하자 바닥에 넓죽 엎드려 절을 했다.

"내게 할말이라도 있소?"

"저희들은 본래 일반 양민이었으나 관원들의 괴롭힘을 견디지 못하고 이렇게 산적으로 살아가고 있습니다. 비록 산적이 되어 만난 사이이지만 의형제를 맺은 우리 세 사람은 죽음을 함께 하자고 맹세했습니다. 그런데 성미가 급한 진달 형제가 사가촌의 호걸인 사진 어른을 몰라뵙고 결국 붙잡히는 신세가 되고 말았습니다. 해서 저희들 역시 사진 어른의 손에 결박을 당하고자 이렇게 기다리고 있습니다."

주무의 애끓는 사연을 들은 사진은 마음속으로 감동했다.

'도둑놈이나 다를 바 없는 자들이 의리 하나는 소중히 여기는군. 세 놈을 잡아다가 관가에 넘기려고 했는데 저렇게 항복을 하고 나서니 그럴 수가 없구나. 옛말에 호랑이도 죽은 고기는 손대지 않는다고 하질 않았나……'

마음이 움직인 사진은 그들을 용서해 주기로 했다.

"어서 일어나시오. 그렇게 잘못을 비는데 사내 대장부가 어떻게 그대들을 결박지어 관아로 끌고 간단 말이오?"

"그럼 우리를 용서해 준단 말씀이십니까?"

"그렇소. 진 두령도 풀어 줄 테니 염려 마시오."

"아, 이 은혜를 어떻게 갚아야 할지 모르겠군요."

사진은 곧 소화산의 세 두령과 둘러앉아 밤이 깊도록 술잔을 기울였다. 다시 소화산으로 돌아간 세 두령은 사진의 고마움에 보답하기 위해 부하를 시켜 돈과 패물을 보내 왔다.

"허, 소화산의 세 두령이 보낸 것이로군. 자신들을 풀어 준 고마움에 대한 답례겠지."

"이 물건들을 어떻게 할까요?"

"성의로 보낸 선물이니 받도록 합시다. 그 대신 우리 쪽에서도 비단과 고기를 보내 주도록 하지요."

서로 이렇게 마음을 주고받는 동안 사진과 소화산의 세 두령은 점점 가까운 사이가 되었다.

그러는 사이 어느덧 계절은 가을로 접어들어 추석이 얼마 남지 않았다.

"왕사야, 소화산에 좀 다녀오너라."

"무슨 전할 말씀이라도 있나요?"

"그래, 추석도 멀지 않았으니 그들을 초대하여 술이라도 한잔 하고 싶다고 전해라."

"그리 전하겠습니다."

빠른 걸음으로 산채에 도착한 왕사는 사진의 말을 그대로 전했다.

"이런 고마울 데가 있나. 사진 어른의 초대에 기꺼이 응하겠다고 전해 주시오."

소화산의 세 두령은 기뻐하며, 왕사에게 답장과 함께 수고비로 은돈 닷 냥을 주어 돌려보냈다. 그런데 서둘러 마을을 향해 가던 왕사를 뒤에서 부르는 소리가 들려왔다.

"이보게, 자네 왕사 아닌가?"

"아니, 자네가 여긴 웬일인가?"

오랜만에 만난 왕사와 그 친구는 근처에 있는 주막에 들러 술을 마셨다. 딱 한 잔만 마신다는 것이 어느 새 몸을 가누지 못할 정도로 취하고 말았다.

"그 몸으로 어딜 가려고 하나?"

"아니야. 우리 주인 나리가 기다리고 있어. 얼른 집으로 가 봐야 해."

주막을 나선 왕사는 이리 비틀 저리 비틀 하며 한 걸음씩 앞을 향해 걸었으나 결국 얼마 가지 못하고 풀밭에 쓰러져 잠이 들고 말았다.

"아니, 이 사람은 사진 어른 댁의 하인 왕사가 아닌가? 쯧쯧, 어디서 저렇게 곤죽이 되도록 술을 마셨을까?"

마침 사냥꾼 이길이 길을 가다가 길 위에 쓰러져 있는 왕사를 발견하고는 그를 들쳐업고 집까지 데려다 주려고 했다. 그런데 그를 안으려는 순간 왕사의 허리춤에 찬 주머니에서 돈 소리가 났다.

순간 나쁜 생각이 든 이길은 조심스럽게 왕사의 주머니를 뒤졌다. 그 속에서 나온 것은 은돈과 사진에게 보내는 편지였다.

'이건 하늘이 내게 주신 기회다. 3천 관의 상금이 걸려 있는 소화산의 두령들이 사진의 집으로 초대를 받아 온다니. 관원들에게 이 사실을 알리기만 하면 상금은 내 것이다.'

이길은 돈과 편지를 들고 화음현으로 달려갔다. 이런 줄은 꿈에도 모르는 왕사는 밤의 찬 기운이 몸에 스며들자 그제야 부스스 잠이 깼다.

"이런, 내가 길에서 잠이 들었군."

왕사는 소화산에 심부름을 다녀오던 길이었다는 생각이 들자, 주머니에 넣어 두었던 편지를 확인해 보았다.

'이럴 수가! 편지가 없잖아. 아, 이 일을 어쩌지? 사실대로 주인 어른께 말했다가는 엄한 꾸중을 들을 텐데…….'

꾸지람을 듣는 것이 겁이 난 왕사는 거짓말을 하기로 작정했다. 밤이 깊어 집에 도착한 왕사는 주인인 구문룡 사진에게 아뢰었다.

"주인 어른의 초대를 무척 기쁘게 받아들이면서 추석날 저녁에 찾아 뵙겠다고 전하라 하셨습니다."

"답장은 따로 없었느냐?"

"예."

드디어 추석날이 돌아오자 사진은 하인들을 시켜 양과 닭을 잡아 잔치 준비를 하느라 정신이 없었다. 보름달이 떠오르고 사방이 어둠이 내리자 소화산에서 주무의 무리가 사진의 집을 찾아왔다.

"너희들은 앞문과 뒷문을 신경 써서 잠그고, 이 곳에 잔칫상을 정성껏 마련해 두어라."

"염려 마십시오."

곧 사진과 세 두령은 기분 좋게 둘러앉아 달을 보며 술잔을 기울였다. 한창 분위기가 무르익을 무렵이었다.

"이 집을 포위해라!"

웬 고함 소리와 함께 담 밖에서 함성이 들려왔다. 그들은 이길의 밀고를 받고 출동한, 화음 현위가 데리고 온 3백 명의 군졸이었다. 주무의 무리들은 순간적으로 밖의 사정을 눈치채고 사진에게 말했다.

"우리를 잡으러 온 군졸들인 것 같습니다. 어서 밧줄로 우리들을 묶어 주십시오."

"무슨 소리요? 당신들을 어찌 내 손으로 저들에게 내 준단 말이오? 여기서 잠깐 기다리시오."

사진은 짐짓 모르는 체 문 밖으로 나가 현위에게 물었다.

"오늘같이 좋은 날 대체 무슨 일로 군사들을 데리고 오셨소?"

"정말 몰라서 묻는 게냐? 좋아, 그럼 알려 주지. 이 마을에 사는 이길이란 자가, 자네 집에 소화산에서 내려온 도적들이 몰려 있다고 밀고를 했다네."

현위 뒤에 숨어 있던 이길이 앞으로 나섰다.

"사실은 얼마 전에 길에 끓아떨어져 있던 왕사의 주머니에서 주운 편지를 현위님께 가져다 드렸습니다."

"왕사의 편지라고? 여기서 잠시 기다리시오."

다시 집 안으로 들어간 사진은 왕사를 불러 어찌 된 일인가를 물었다. 결국 왕사가 거짓말을 한 것이 드러났고, 이를 괘씸히 여긴 사진은 그 자리에서 왕사의 목을 베었다. 그리고 하인들을 시켜 집에 불을 지르라고 명령을 내렸다.

"불이야!"

갑자기 치솟는 불길을 보고 관군들이 그리로 몰려드는 통에 사진은 세 두령과 함께 소화산으로 몸을 피했다. 그 곳에서 며칠을 보내던 사진은 산적들과 함께 지내는 것이 마음이 편치 않았다.

"이만 이 곳을 떠나야겠소. 나에게 제대로 된 무술을 가르쳐 주신 왕진 스승님을 찾아가겠소."

"무척 아쉽군요. 하지만 이미 마음을 굳히신 것 같으니 더 이상 말리지는 않겠습니다."

불의를 못 참는 노지심

소화산을 떠난 사진은 보름 만에 관서 지방의 위주 땅에 도착하였다. 근처 찻집으로 들어간 그는 주인에게 물었다.

"말 좀 묻겠소. 혹시 이 곳 경략부에 동경에서 오신 왕진이라는 분이 있나요?"

"그 곳에 있는 사람을 찾는 일이라면 저기 저 사람에게 물어 보는 것이 좋을 것이오."

찻집 주인이 가리키는 곳에는 군관 차림에 키가 8척쯤 되어 보이고 얼굴 전체에 수염이 난 뚱뚱한 사나이가 앉아 있었다.

"실례합니다만 말씀 좀 여쭙겠습니다. 저는 화음현에 사는 사진이란 사람입니다만 관인의 성함이 어떻게 되는지……?"

"난 이 곳 경략부에 근무하고 있는 하급 관리인 노달이오. 그런데 당신이 사가촌에서 이름난 구문룡 사진이 틀림없소?"

"예, 금군의 무술 교관을 지낸 왕진이라는 분을 찾아 나선 길입니다. 혹시 그분의 소식을 들은 적이 있나요?"

"왕진이라는 분이 호걸이라는 소리는 들은 적이 있소만 그분의 행방에 대해서는 모르겠소. 우리 이렇게 만난 것도 인연인데 어디 가서 술이라도 한잔 합시다."

두 사람이 찻집을 나와 길을 가고 있는데 거리에 웬 사람들이 몰려서 있었다.

"무슨 구경거리라도 생긴 걸까? 어디 좀 봅시다."

노달이 사람들 틈을 비집고 들어가 보니 한 사나이가 무술을 보여 주며 약을 팔고 있었다.

"아니, 저분은……."

"왜, 아는 사람이오?"

"언젠가 저에게 무술을 가르쳐 준 스승님 중의 한 분입니다."

사진은 이충이라는 그 사나이와 눈이 마주치자 얼른 고개를 숙여 인사했고, 곧 노달과도 인사를 나눈 뒤 세 사람은 함께 술집을 찾았다.

오래 전에 만난 사람들처럼 그들은 주거니 받거니 하면서 기분 좋게 술을 마셨다. 그 때 옆방에서 여인이 우는 소리가 들렸다.

"뭐야? 한창 기분이 좋은데 누가 이렇게 우는 거야! 기분 망치게."

노달이 술상을 두드리며 불평을 하자 술집 주인이 달려 나왔다.

"죄송합니다. 사실은 저 방에 사정이 딱한 사람이 있어서 그럽니다. 손님들에게 피해를 주고자 일부러 그런 것이 아니니 너그럽게 봐 주시기 바랍니다."

"그래? 그럼 저들을 이리로 나오라고 전하시오."

방으로 들어간 주인은 잠시 후, 열여덟 살쯤의 젊은 여자와 예순이 넘어 보이는 나이 든 노인을 데리고 나타났다.

"주인장에게 들으니 댁들한테 무슨 딱한 사연이 있나 본데, 어디 들어나 봅시다."

"본래 동경 사람인 저는 부모님과 함께, 이 곳에 살고 있는 친척을 찾아왔습니다. 이미 우리가 찾는 친척은 세상을 떠난 뒤였고, 여기서 병

을 얻은 어머니는 그만 돌아가시고 말았어요. 끼니 걱정으로 하루하루를 보내던 제게, 정 대관인이라는 사람의 첩이 되어 주면 3천 관의 돈을 주겠다는 제의가 있었어요. 아버지를 편히 모시고자 첩으로 들어간 저는 본부인의 구박을 견디지 못하고 석 달 만에 쫓겨나고 말았어요. 그런데 정 대관인이 저를 찾아와서는 약속을 어겼으니 돈 3천 관을 내놓으라는 거예요. 사실, 문서 한 장만 달랑 받았지 돈은 한 푼도 받지 못했는데도 말이에요. 너무나 억울한 일이지만 어디 하소연할 데도 없고 해서 이렇게 서러운 눈물만 쏟아내고 있답니다."

사연을 듣고 난 노달은 기가 막혀 말이 나오지 않을 지경이었다.

"그거 참, 정 대관인이라면 내가 잘 아는 고깃간 주인인데. 그놈이 그런 비열한 짓을 하다니, 가만 놔둘 수 없어!"

자리를 박차고 일어서는 노달을 곁에 있던 이충과 사진이 서둘러 붙잡았다.

"진정하시고 그만 자리에 앉으시오."

"자네들을 봐서 자리에 앉기는 하지만 이번 일은 도저히 그냥 두고 볼 수가 없어."

노달은 아직도 화가 풀리지 않는지 씩씩댔다. 그는 풀이 죽은 듯 앞에 앉아 있는 노인과 젊은 여인에게 위로하듯 말했다.

"당신들은 아무 걱정 말고 어서 고향으로 돌아가시오. 이곳에 있어봤자 좋을 게 하나 없을 테니까."

"나으리, 말씀은 고맙습니다만, 술집 주인이 우리를 그냥 보내 주지는 않을 겁니다."

"아, 아. 그건 내가 다 알아서 할 테니, 어서 방으로 들어가 떠날 채비를 하고 나오시오."

노달은 이충과 사진을 돌아보며 부탁을 했다.

"저 사람들이 고향으로 돌아가자면 돈이 좀 필요할 걸세. 미안하지만 가진 돈이 있으면 좀 내놓게."

"미안하긴. 여기 있네."

노달을 비롯하여 세 사람이 모은 돈은 은돈 스무 냥쯤 되었다.

"난 저들을 바래다 주고 갈 테니 먼저들 가게. 다음에 기회가 되면 언제 다시 보세."

이충과 사진을 먼저 술집에서 내보낸 노달은 부녀가 나오기를 기다렸다. 잠시 후, 노인과 딸이 보따리 하나를 달랑 들고 방에서 나왔다.

"여기 얼마 안 되는 돈이지만 받아 두시오."

"아, 고맙습니다."

그러나 그들은 웬일인지 술집 밖으로 나가려고 하지 않았다.

"뭣들 하시오? 어서들 떠나지 않고."

"지금 밖에서 우리들을 감시하는 놈이 지키고 있습니다."

노인의 말처럼 정 대관인의 지시를 받은 험상궂게 생긴 사나이가 술집 안을 기웃거리고 있었다.

"자, 나를 따라 나오시오."

노달이 앞장서서 술집을 빠져 나가려고 할 때 술집 앞을 지키던 사나이가 앞으로 나섰다.

"저들은 이 곳을 한 발짝도 못 나갑니다."

"어허, 이 놈이 지금 뭐라고 지껄이느냐? 뒷일은 내가 정 대관인과 이야기할 테니 너는 잠자코 있거라!"

"안 됩니다."

몸을 들이대며 노달을 공격하는 사나이를 향해 노달은 주먹을 날렸다. 그 사나이는 엉덩방아를 찧으며 뒤로 나자빠졌다.

"어서 서두르시오."

"저희 때문에 나으리께서 화를 당할까 두렵습니다. 이 은혜를 어찌 갚아야 할지 모르겠습니다."

부녀는 여러 번 허리를 굽혀 감사의 인사를 한 뒤 그곳을 떠났다.

'이제 가 볼 데가 한 군데 남았군.'

내친걸음이라 노달은 정원교에 있는 정 대관인을 찾아갔다. 고깃간을 해서 돈을 번 정도는 자신을 대관인이라고 높여 부르며 어려운 사람들을 괴롭혔다.

"아니, 이게 누구십니까?"

"그동안 잘 있었나?"

"여기 앉으십시오. 노달 어른이 어쩐 일이십니까?"

정 대관인은 노달이 거만한 걸음걸이로 고깃간 문턱을 들어서자, 급히 일어나 앉을 자리를 권했다.

"내가 어디 못 올 데를 왔나?"

"헤헤, 그게 아니라 하도 오랜만에 뵙는 것 같아서요."

"오늘은 경략부 어른의 부탁을 받고 왔네. 비계는 하나도 없이 살코기로만 열 근을 다져 주게."

"염려 마십시오. 좋은 부위로 골라 잘 다져 드리겠습니다."

부지런히 살코기 열 근을 다져 연잎에 정성껏 싼 정 대관인은 노달에게 물었다.

"심부름하는 아이에게 직접 보낼까요?"

"아니, 잠깐. 아직 고기를 더 사야 하네. 이번엔 비계 열 근만 잘게 다져 주게."

정 대관인은 깜짝 놀라며 되물었다.

"아니, 비계 열 근을 어디에 쓰시려고 그럽니까?"

"그거야 낸들 알 수가 있나. 어른의 부탁이니 말이야."

노달은 아무렇지도 않게 대답했다. 정도는 마음속으로 불평을 했지만 어쩔 수 없이 이마에 비지땀을 흘려 가며 비계 열 근을 다져야 했다.

"다 됐습니다. 이제 보내도 될까요?"

"아직 더 있네. 이번엔 뼈만 열 근을 잘게 썰어 주게."

그제야 노달이 장난치고 있다는 것을 안 정도는 화를 버럭 냈다.

"지금 뭐 하시는 겁니까? 남의 영업집에 와서 장난을 하는 겁니까?"

"그래, 너 말 잘했다. 그래, 네가 요즘 하고 다니는 짓이 하도 괘씸해서 내가 장난 좀 쳤다, 왜!"

노달은 연잎에 잘 싸 둔 살코기 열 근과 비계 열 근을 정도의 얼굴에 집어던지며 소리를 질렀다. 정도는 고깃간을 해서 돈을 벌어 남부럽지 않은 생활을 하고 있던 터에, 경략부 하급 관리인 노달에게 이런 수모를 당하자 도저히 참을 수가 없었다. 곧 들고 있던 칼을 집어 들고는 노달에게 덤볐다.

"에잇!"

"이놈이 아직도 잘못을 모르는 모양이로군. 좋다! 어디 덤벼 봐라."

덤비는 정도의 손목을 꺾은 노달은 그를 끌고 한길가로 나왔다. 그리고는 나동그라진 그의 가슴을 발로 짓밟고 서서 주먹으로 마구 때렸다. 정도는 신음 소리를 내며 바둥거리더니 그만 축 늘어지고 말았다.

"고깃관 주인이면 곱게 고기나 팔 일이지, 왜 가엾은 사람 등을 쳐 먹느냐? 어디 일어나 말 좀 해 봐라."

그러나 정도는 바닥에 누운 채 꼼짝하지 않았다. 혹시나 하는 마음에 노달이 정도를 툭 건드려 보았다.

'이런, 죽었잖아.'

덜컥 겁이 난 노달은 주변을 둘러보고는 서둘러 집으로 돌아왔다. 그리고는 옷가지 몇 벌을 챙겨 남문 쪽으로 달아났다.

뒤늦게 이 사실을 안 경략부에서는 노달을 잡기 위해 여기저기 방을 붙이고 현상금 천 관을 내걸었다. 위주를 떠난 노달은 부지런히 길을 걸어 안문현에 이르렀다.

"웬 사람이 저리 많이 모여 있을까?"

성안에 들어선 노달은 궁금함을 못 이겨 몰려 있는 사람들 틈에 끼어들었다. 원래 무식한 노달은 벽에 붙어 있는 글을 읽지 못하고, 옆 사람이 수군거리는 말을 가만히 들어 보고 있었다.

"저 사람을 잡아서 현상금을 받으면 팔자 펴겠군."

"그러게. 힘깨나 쓰게 생겼는걸."

무슨 내용인가 옆의 사람에게 막 물어보려던 참이었다. 누군가가 뒤에서 노달의 어깨를 툭 치며 소매를 잡아끌었다.

"어서 이리로 오십시오."

"어, 낯익은 얼굴인데, 누구시더라?"

노달에게 알은체를 한 노인은 사람들 틈에서 그를 불러내어 한적한 골목으로 데리고 갔다. 노인의 얼굴을 자세히 보고서야 비로소 그 노인이 위주에 있을 때 빼내 준 젊은 여인의 아버지라는 것을 알 수 있었다.

"지금 나리가 서 계셨던 곳에 붙여진 방이 무엇인지 아시나요? 그건 바로 노달 님을 잡아 오면 현상금을 준다는 것입니다."

"그랬군. 그런데 영감은 동경으로 가지 않았소?"

"사실 정 대관인이 사람을 풀어 우리 부녀 뒤를 쫓을까 봐 걱정이 되어 이리로 발길을 돌렸지요. 그러다 우연히 예전에 알던 사람을 만나, 이곳에서 부자로 사는 조원외라는 사람의 소실로 내 딸을 주게 되었지요. 지금은 별걱정 없이 잘 지내고 있으니, 이 모든 게 노달 님 덕분입니다."

노인은 노달과 함께 조원외의 집으로 향했다. 그간의 사정을 듣고 난 조원외는 노달을 후하게 대접했다.

"정도를 혼내 주려고 했던 것이 살인을 하고 말았군요. 그럼 앞으로 어떻게 하실 작정이십니까?"

"글쎄요. 이 곳까지 나를 잡는 방이 붙은 걸 보니, 어디 발붙일 곳이 마땅치 않군요."

술잔을 비우며 노달이 한숨을 내쉬었다. 그러자 조원외가 딱하다는 듯이 한 가지 의견을 내놓았다.

"당분간 절에 몸을 의지하는 것이 어떤가요? 마침 여기서 십 리쯤 떨어진 오대산 문수원이란 절에 제가 아는 주지 스님이 한 분 계시는데 그리로 가 계시는 게 좋을 듯합니다."

"그럼 머리를 깎고 중 노릇을 해야 하지 않소?"

"절에 들어가려면 그렇게 해야 하지요."

노달은 스님이 되는 일은 왠지 꺼려졌으나 지금 자신의 처지엔 마땅히 몸을 숨길 만한 곳이 없다는 생각이 들자, 그 말에 따르기로 했다.

다음 날, 날이 밝자 조원외는 노달을 데리고 오대산을 향했다. 문수원의 주지 스님인 지진 장로는 반대하는 스님들을 물리치고 노달을 불제자로 받아들였다.

"자, 오늘부터 네 불교 이름은 노지심이다. 이제 부처님의 제자가 되었으니 부지런히 공덕을 쌓도록 해라."

머리를 깎고 스님이 된 노지심이었지만, 본래 지니고 있던 성질이 하루아침에 바뀔 리가 없었다. 절의 여러 스님들이 불평을 해댔다.

"아유, 도대체 아침인지 밤인지 구분을 못 하고 잠을 자니 무슨 도를 닦겠습니까? 게다가 개도 아닌데 아무 데나 소변을 보고 다니니 냄새가 나서 참을 수가 있어야지요."

"허허, 지심은 성질이 거칠기는 하지만 본성은 착한 사람이다. 앞으로 차차 고쳐질 테니 그냥 두고 보자."

지진 장로는 이렇게 스님들의 불평을 넘겨 버리곤 했다.

어느덧 이 곳에 온 지도 벌써 다섯 달이 지났다.

'절 안에만 있으려니 몹시 갑갑하군. 어디 절 밖 구경이나 나가 볼까?'

느린 걸음으로 절 주변을 둘러보며 걸어 내려가다 보니, 어느 새 산 중턱까지 오게 되었다. 마침 정자가 눈에 띄었다.

'저기 앉아서 좀 쉬어야겠군.'

한적한 정자에 걸터앉자, 노지심은 술 생각이 절로 났다. 절에 들어와서 술이라곤 구경도 해 본 적이 없으니 더욱 갈증이 일었다.

그 때, 산 아래에서 웬 젊은이가 어깨에 통 하나를 짊어지고 걸어 올라오는 것이 보였다.

"이봐, 젊은이!"

"부르셨소?"

"등에 걸머진 통은 무엇이오?"

"아, 이거요? 술입니다."

노지심의 얼굴에 화색이 돌았다.

"마침 잘됐군. 그 술을 내게 팔게."

"안 됩니다. 이 술은 절에서 일하고 있는 사람들이 주문한 겁니다. 게다가 스님들에게 술을 팔았다는 사실이 주지 스님께 알려지는 날엔 저를 다시는 이 근처에 얼씬도 못하게 할 겁니다."

"괜찮네. 내가 아무 말 안 하면 되지 않나?"

술을 줄 수 없다는 젊은이의 말에 노지심은 더욱 군침이 돌았다.

"글쎄, 안 된다고 하는데 왜 이러십니까?"

"그럼 할 수 없지."

노지심은 다시 길을 가려고 일어선 젊은이의 발을 걸어 재빨리 등에 지고 있던 술통을 빼앗았다.

"앗!"

젊은이가 깜짝 놀라 두 눈을 동그랗게 떴다. 술통을 손에 쥔 노지심은 숨도 쉬지 않고 목에 술을 쏟아 부었다.

"캬! 기분 좋다."

노지심은 앉은자리에서 술 한 통을 다 비우고 비틀거리며 일어서 절을 향해 걸었다. 절 문 앞까지 오자 스님들이 난리가 났다.

"흥, 내 저럴 줄 알았어. 감히 술을 마시고 절 안으로 기어들다니! 죽기로 작정한 모양이야."

"어서 문 열지 못해!"

스님들이 절 문 앞을 가로막으며 노지심을 들여보내 주지 않자, 그는 소리를 질렀다. 그러자 한 스님이 막대기를 들고 나서며 호령했다.

"절의 법도를 어지럽힌 놈은 서른 대의 매를 맞아야 한다!"

하늘로 치솟은 막대기가 곧 노지심의 머리에 떨어지려는 찰나, 그는 재빨리 몸을 피하고 스님의 얼굴을 후려갈겼다. 스님이 힘없이 바닥에 쓰러지자 노지심은 얼른 절 안으로 뛰어들어 절 안의 물건을 보이는 대로 발로 차기 시작했다.

"주지 스님! 큰일났어요. 어서 나와 보세요!"

"왜들 이렇게 소란이냐?"

지진 장로는 양쪽에 스님들을 거느리고 노지심 앞에 나타났다. 술기운이 온몸에 퍼져 몸을 제대로 가눌 수 없었지만, 노지심은 지진 장로를 알아보고는 넓죽 엎드렸다.

"오랜만에 술 좀 먹었는데, 저 놈들이 나를 때리려고 하기에 혼 좀 내 줬습니다."

"쯧쯧, 오늘 일은 내일 정신이 맑아진 다음에 처리하기로 하고, 오늘은 이만 들어가 쉬도록 해라."

노지심은 바닥에서 일어나 이리 비틀 저리 비틀 하며 방으로 돌아가 금방 깊은 잠에 곯아떨어졌다.

"왜 저 놈을 그냥 내버려 두십니까?"

"너무 서두르지 말아라. 원래 늦게 도를 깨우친 사람이 더 큰사람이 되는 법이다."

"저 놈 때문에 많은 스님들이 수도 생활을 하는 데 어려움이 많습니다. 노지심은 스님이 되기에는 어려울 것 같습니다, 주지 스님."

스님들은 더 이상 참을 수 없다는 듯이 강하게 반발했지만 지진 장로는 못 들은 척했다. 날이 밝아오자 세상 모르게 잠이 들었던 노지심은 목이 말라 잠이 깼다.

"주지 스님께서 오시랍니다."

곧 지진 장로에게 불려간 노지심은 땅에 머리를 조아리고 용서를 빌었다.

"앞으로 한 번만 더 이런 일이 있었다가는 용서 없을 줄 알아라."

"명심하겠습니다."

단단히 약속을 한 뒤로 노지심은 한동안 조용히 지냈다.

그렇게 몇 달을 보내던 어느 날이었다. 그는 절을 나와 마을 쪽으로 천천히 걸어가고 있었는데, 어디에선가 망치 소리가 들려왔다.

"이 근처에 대장간이 있나 보군."

마침 선장(중이 들고 다니는 지팡이)이 필요하던 참이라, 그는 대장간에 들러 은돈 다섯 냥을 주고 주문을 했다. 그리고 근처에 있는 주막에 들어가 술을 시켰다.

"스님, 죄송합니다만 오대산에 계신 스님들께는 술을 팔 수가 없습니다. 이곳 주지 스님들께 단단히 약속을 하고 장사를 하는 중이라서요……. 죄송합니다, 스님."

"잘됐군. 나는 이리저리 떠돌아다니는 파계승이니 별 신경 쓸 필요 없소. 한참을 걸었더니 몹시 목이 마르군. 어서 술을 내오시오."

마지못해 주인은 눈치를 살피며 술을 가져왔다. 연거푸 술 열 잔을 마신 노지심은 입맛을 다시며 안줏거리를 청했다.

"지금 남은 거라곤 개고기밖에 없습니다. 스님께 개고기를 드릴 수도 없고……."

"할 수 없지. 개고기라도 가져오시오."

안주가 푸짐해지자 노지심은 다시 술 열 잔을 더 들이켠 뒤, 남은 개고기를 잘 싸서 허리에 찬 뒤 자리에서 일어났다.

"어, 취한다!"

기분이 좋아진 노지심은 절을 향해 부지런히 걸었다. 절 앞 정자에 다다르자 그는 갑자기 걸음을 멈추었다.

"그동안 힘을 쓰지 못했더니 몸이 근질거리는군. 어디 한번 힘 좀 써 볼까?"

그는 정자의 기둥을 잡고 세차게 잡아당겼다. 몇 번을 그렇게 하니 움직일 것 같지 않던 정자가 흔들거렸다.

"꽈당!"

절 안에 있던 스님들은 순간적으로 땅이 흔들리자 너무 놀라 절 문을 열고 밖을 내다보았다.

"저런 무식한 놈! 가만히 있는 정자의 기둥을 뽑아 버리다니. 저놈을 다시는 절 안으로 한 발짝도 들여놓지 못하도록 해야겠다!"

절 문 닫히는 소리가 들리자 노지심은 문을 쾅쾅 치며 소리쳤다.

"문 열어! 셋 셀 때까지 문을 안 열면 절에 불을 질러 버릴 테다. 어

서! 하나, 둘……."

술에 취한 노지심이 정말 불을 지를지도 모른다는 생각에 문을 지키고 있던 스님이 얼른 빗장을 열었다. 다시 절 안으로 들어선 노지심은 법당 안에서 좌선을 하고 있던 스님들이 자신을 보고 도망갈 준비를 하자 기분이 썩 좋지 않았다.

"내가 호랑이라도 되냐? 어딜 도망가려고. 자, 옜다! 선물이다. 먹어라! 하하하!"

노지심은 허리춤에 차고 왔던 개고기를 붙잡힌 스님의 입에 억지로 마구 밀어넣었다.

"왜 이러세요?"

"그 동안 먹고 싶던 걸 참느라 고생 많았다. 오늘은 마음놓고 실컷 먹어라!"

이를 지켜보고 있던 스님 몇 명이 달려들어 노지심을 말렸다. 그는 달려드는 스님들을 한 명씩 번쩍 들어 내동댕이쳤다.

"아이쿠!"

"사람 살려!"

삽시간에 절 안은 아수라장이 되었다.

"이놈! 그만두지 못해. 혹시 사람이 될까 싶어 참았지만, 이제 도저히 안 되겠다. 당장 이 곳을 떠나거라!"

언제 나타났는지 지진 장로가 노지심의 뒤에 나타나 불호령을 내렸다. 그제서야 비로소 정신이 번쩍 든 노지심이 손이 발이 되도록 빌었지만, 이번만은 주지 스님도 용서하지 않았다.

다음 날, 노지심은 지진 장로 앞에 다소곳이 앉아 눈물을 흘렸다.

"자, 이 편지는 동경의 대상국사 주지 지청 선사에게 보내는 것이니 가지고 가거라. 앞으로는 술을 각별히 주의하도록 해라."

"그 동안 신세만 지고 갑니다."

노지심은 지진 장로에게 큰절을 올린 뒤 오대산을 내려갔다. 곧바로 대장간으로 가 주문한 선장을 찾은 뒤 동경을 향해 길을 떠났다.

꼭 날짜를 맞추어 가는 길이 아니었으므로, 노지심은 길을 걷다가 다리가 아프면 근처 풀밭에 앉아 수기도 하고, 목이 마르면 주막에 들러 술을 마시곤 했다.

"휴, 날이 어두워져 가니 쉴 곳을 찾아야겠다."

숲 속 멀리 낡은 절 하나가 보였다. 걸음을 재촉한 그는 잡초가 무성한 절 문을 밀고 들어갔다.

"지나던 중이오. 하룻밤 쉬어 갔으면 해서 들렀습니다."

안에서 아무런 대답이 없자 노지심은 뒤꼍으로 돌아가 보았다. 그 곳에는 스님들 다섯 명이 옹기종기 모여 앉아 있었다.

"아니, 여기서 뭣들 하시오? 절 안은 텅 비워 두고 왜 이 곳에만 모여들 계시오?"

"쉿, 목소리가 너무 큽니다. 이 곳은 매우 위험한 곳이니 어서 떠나시오. 그렇지 않으면 스님도 봉변을 당할 것이오."

"무슨 소린지 모르겠군. 하여튼 난 지금 배가 몹시 고프니 남은 밥이 있거든 좀 주시구려."

낡은 절의 스님들은 매우 불안한 기색이었다.

"우리도 사흘을 굶었소. 이 절은 본래 크고 이름난 곳이었는데 최도성이란 가짜 중이 구소을이라는 힘깨나 쓰는 놈을 데리고 와서 절을 엉망으로 만들었소. 그 놈들은 이 곳에 있던 스님들을 모조리 내쫓고 그나마 우리들이 이 곳을 지키고 있는 것이오."

"그런 나쁜 놈들을 그대로 놔 두었단 말이오?"

노지심은, 최도성과 구소을이 아직도 이 절 안에 있다는 말을 듣고 소매를 걷어붙이고 그들을 찾았다.

그들은 법당 안에 버젓이 술상을 차려놓고 술을 마시고 있었다.

"이놈들! 감히 법당 안에서 이게 무슨 짓들이냐?"

선장을 휘두르며 나타난 노지심을 본 그들은 깜짝 놀라 뒤로 물러났다. 그러나 이내 정신을 차리고 되레 큰 소리를 쳤다.

"못 보던 중놈인데 너는 누구냐?"

"이놈들이 그래도 정신을 못 차렸구나!"

사실 실력으로 치자면 최도성과 구소을은 노지심의 상대가 되지 못했다. 하지만 먼길을 걸어온데다가 오늘 하루 종일 먹은 게 없었기 때문에 노지심은 그들을 당해 내지 못했다.

'안 되겠다. 잠시 도망갔다가 기회를 봐서 다시 싸워야겠다.'

노지심은 곧 뒤로 돌아 도망쳤다.

"어딜 도망가느냐? 거기 서지 못해!"

한참을 쫓아오던 그들은 더 이상 쫓아오지 않았다. 겨우 거친 숨을 몰아쉬며 주변을 둘러보던 노지심의 눈에 웬 사나이가 나무 뒤로 숨는 것이 보였다.

'웬 놈일까? 저 놈도 절 안에 있던 도둑놈들과 한패인가?'

더 이상 도망갈 길이 없다는 것을 안 노지심은 눈에 쌍심지를 켜고 버럭 소리를 질렀다.

"이리 나와 한판 붙자!"

나무 뒤에 있던 사나이는 꼼짝도 하지 않았다.

"뭘 그렇게 꾸물대고 있나? 사나이답게 칼을 뽑아라!"

그제야 숨어 있던 사나이가 나타나며 외쳤다.

"중놈이라 봐줄까 했더니 영 버릇이 없구나!"

노지심은 선장을 휘두르며 낯선 사나이를 향해 달려들었다. 그 때, 사나이가 가까이에서 노지심의 얼굴을 보고는 알은체를 했다.

"아니, 이게 누구십니까? 노달 형님이 아니십니까?"

"뭐야? 내 이름을 함부로 부르는 너는 대체 누구냐?"

낯익은 목소리라는 생각에 노지심 역시 선장을 땅 위에 내려놓았다.

"접니다. 사가촌의 구문룡 사진입니다."

"자네가 여기는 웬일인가?"

사진은 금군의 무술 교관을 지냈던 스승 왕진을 찾아 이리저리 돌아다니다가 이 곳까지 오게 되었다는 그간의 사정 이야기를 들려 주었다. 노지심은 사진에게서 음식을 얻어 허겁지겁 고픈 배를 채웠다.

"여기서 잠깐 기다리고 있게."

"어딜 가려고 그럽니까?"

"잠시 다녀올 데가 있어."

배가 부른 노지심은 조금 전에 도망쳐 나온 절의 스님들이 걱정이 되어 그리로 발길을 돌렸다.

'옳지, 제 발로 무덤을 찾아오는구나.'

마침 절 앞에서 서성대고 있던 최도성과 구소을은 노지심이 다가오는 것을 보자 칼을 든 손에 힘을 주었다.

"조금 전에 네놈들이 무서워 도망갔다고 생각했다면 잘못 생각한 줄 알아라. 자, 덤벼라!"

"에잇!"

두 놈은 한꺼번에 노지심을 향해 칼을 빼들었다. 노지심은 가지고 있던 선장을 그들을 향해 날렸다. 선장이 땅 위로 떨어짐과 동시에 그들은 땅바닥에 나동그라졌다.

"제발, 살려 주십시오!"

그들은 엎드린 채 목숨만은 구해 줄 것을 빌었으나, 노지심은 단숨에 그들을 죽여 버렸다. 그는 절 뒤꼍으로 뛰어가 스님들을 찾았다.

"스님! 이제 나오셔도 됩니다."

그러나 스님들은 모두 죽어 있었다. 노지심이 힘이 달려 도망간 사실을 안 이 절의 스님들은, 최도성과 구소을이 자신들을 가만히 내버려두지 않을 것이라 생각하고 미리 목을 매어 자살을 했던 것이다.

"아, 조금만 일찍 왔더라면……."

흐르는 눈물을 소매로 훔치며 노지심은 그 절을 나왔다. 다시 사진이 기다리는 곳으로 온 노지심은 한동안 아무 말도 하지 않았다.

사진과 노지심은 함께 길을 가다가 갈림길이 나오자 뒷날을 약속하고 헤어진 뒤, 각자의 길을 찾아 나섰다.

그 뒤 보름이 지나 노지심은 마침내 동경 거리에 들어섰다.

'듣던 대로 참으로 화려하군.'

거리 구경에 잠시 넋을 놓고 있던 그가 길 가는 사람을 불러 물었다.

"말 좀 물읍시다. 대상국사가 어디쯤 되오?"

"저 다리를 건너면 바로 보일 것이오."

그는 서둘러 다리를 건너 대상국사 앞에 이르렀다. 곧 문 앞에 있던 한 동자승에게 말을 붙였다.

"이 곳의 주지 스님인 지청 선사를 만나 뵈러 멀리 오대산에서 왔소. 안에 소식 좀 전해 주시오."

"잠시 기다리십시오."

별로 인상이 좋아 보이지 않은 노지심을 흘낏 한 번 쳐다본 동자승은 퉁명스럽게 한 마디 남기고 안으로 들어갔다. 노지심은, 잠시 후에 돌아온 동자승의 안내를 받아 지청 선사 앞으로 불려 나갔다.

"편히 앉으시오. 오시느라 수고가 많았소. 오늘은 그만 가서 쉬고 내일 스님의 거취를 정하기로 합시다."

"그럼 이만 물러가겠습니다."

오대산의 문수원과는 그 규모가 비교도 안 될 만큼 크고 화려한 대상국사의 모습에 노지심은 그만 기가 죽고 말았다. 그가 물러난 뒤, 지청 선사는 스님들을 불러 모았다.

"조금 전에 나를 찾아왔던 스님은 오대산의 지진 장로께서 데리고 있었소. 그러다가 몇 번의 소동을 일으키자, 그 벌로 절에서 내쫓겨 이 곳으로 보내진 모양이오. 자, 저 스님을 어떻게 하면 좋겠소?"

"오대산에서도 말썽을 부려 쫓겨난 몸이라면 이 곳에서도 얌전히 있지 않을 것입니다. 아예 절 안으로 들이지 않는 것이 좋겠습니다."

"그건 안 될 말이오. 지진 장로가 특별히 부탁을 했는데 내쫓을 수야 없지 않소?"

대상국사의 여러 스님들 중 한 분이 좋은 수가 있다며 제안을 했다.

"지진 장로님의 부탁을 거절하지 않으면서 절 안으로 들이지 않을 방법이 있습니다. 절 밖에 있는 채소밭을 지키도록 하면 어떻겠습니까?"

"채소밭이라면 동네 불량배들이 싸움터로 늘 드나드는 곳 아니오?"

"그렇습니다. 겉으로 보기에도 노지심은 힘깨나 쓰는 것 같으니 그에게 딱 맞는 자리입니다."

만장일치로 노지심이 있을 곳이 결정이 되었다. 그는 채소밭 근처에서 조그만 집을 짓고 그 곳에서 지내게 되었다.

"새로 온 중놈은 보통이 아닌 것 같아. 정면으로 부딪치기보다는 놈을 혼내 줄 계획을 세우는 게 좋을 것 같아."

불량배들은 채소밭 근처에 있는 거름 구덩이에 그를 빠뜨릴 계획을 세우고 기회를 엿보고 있었다. 그러던 어느 날, 마침 노지심이 채소밭을 둘러보기 위해 거름 구덩이 쪽으로 다가오고 있었다.

"좋은 기회야. 내가 앞장서서 저 놈에게 말을 거는 동안 너희들은 저 놈을 거름 구덩이 속에 처박도록 해!"

불량배의 두목이 가만히 지시를 내렸다.

"인사가 늦었습니다. 술 한잔 사려고 하는데 괜찮겠습니까?"

처음에 불량배들에게 경계를 하던 노지심은 술이라는 소리에 한순간 마음이 풀어졌다. 가까이에서 그들과 인사를 나누기 위해 다가오는 노지심을 두 놈이 달려들어 다리 한쪽씩을 붙들었다.

"이게 뭐 하는 짓들이냐?"

그가 힘껏 다리를 흔드는 바람에 바짓가랑이를 붙들고 있던 불량배 두 놈이 그만 거름 구덩이에 처박히고 말았다.

"어서 도망쳐!"

이 광경을 보고 있던 불량배 무리가 슬금슬금 뒤로 내빼기 시작했다.

그러자 노지심이 대뜸 소리를 질렀다.

"그 자리에 꼼짝 말고 서 있거라! 그러지 않고 도망치다가 붙들리는 놈은 뼈도 못 추리게 해 줄 테다!"

"죽을 죄를 지었습니다, 스님. 시키는 대로 뭐든지 할 테니, 제발 용서해 주십시오."

불량배의 두목을 비롯한 무리들이 넙죽 엎드려 용서를 빌었다.

"용서해 주지. 어서 거름 구덩이에 빠진 놈이나 끌어올려라."

노지심은 불량배들을 모아 놓고 술을 마시며 인사를 나누었다.

임충의 유배길

채소밭의 새로운 스님이 힘이 장사라는 것을 알게 된 불량배들은 그 뒤로 술과 안줏거리를 들고 자주 찾아왔다.

"이거 늘 이렇게 얻어만 먹어서야 쓰겠는가? 다음에는 내가 단단히 한턱 낼 테니 이곳으로 모이시오."

하루는 노지심이 불량배의 무리를 자신의 초막으로 초대를 해서 거나하게 술판을 벌였다.

"스님의 무예가 대단하다고 들었습니다. 오늘 이렇게 모인 자리에서 그 솜씨를 보여 주실 수 있는지요?"

"별로 자랑할 만한 재주는 아니야. 하지만 자네들이 원하신다면 잠깐 보여 주지."

선장을 들고 뜰로 나간 노지심은 허공에 대고 이리저리 휘둘러댔다. 무거운 선장을 마치 가벼운 깃털 다루듯 하는 모습을 본 불량배의 무리들은 벌린 입을 다물지 못했다.

"와, 정말 대단하다!"

"천하 호걸이야!"

여기저기서 감탄의 소리가 흘러나왔다. 그 때, 채소밭 울타리 저쪽에 서 있던 낯선 사람 역시 노지심의 무술 솜씨에 감탄한 듯 칭찬을 해왔다.

"놀라운 솜씨로군요."

키는 7척 가량, 나이는 서른다섯 살쯤 된 관복을 입은 사람이었다. 노지심은 주변에 있던 불량배의 두목에게 물었다.

"저 사람이 누군지 아느냐?"

"아, 저분은 금군의 창술 교관으로 있는 표자두 임충입니다."

노지심은 뭔가 생각나는 일이 있는 듯 임충에게 다가갔다.

"내가 젊은 시절 당신의 아버지를 만난 적이 있소. 나는 관서 지방 태생으로 노달이라는, 경략부의 장교였소. 지금은 죄를 짓고 출가를 한 뒤로 노지심으로 부릅니다."

"뜻밖에 무술이 뛰어난 분을 만나게 되어 무척 기쁩니다."

두 사람은 술잔을 나누며 의형제를 맺었다. 분위기가 한창 무르익어 갈 무렵, 웬 계집종 하나가 급히 뛰어왔다.

"아니, 넌 금아가 아니냐?"

"나리, 이러고 계실 때가 아닙니다. 지금 마님께서 오악루에서 불량배들에게 조롱을 당하고 계십니다."

"내 이 놈들을……!"

임충은 두 손을 부르르 떨며 벌떡 일어나 금아를 따라 나섰다.

"나도 따라가겠소."

"아닙니다. 스님은 여기 계십시오. 저 혼자 다녀오겠습니다."

급히 오악루로 달려간 임충의 눈에, 한 놈이 아내를 잡아끌며 실랑이를 하고 있는 것이 보였다. 주변에는 젊은이와 한패인 무리들이 낄낄대고 서 있었다. 임충은 무리들 속을 헤치고 들어가 자신의 아내를 희롱하는 젊은 녀석의 어깨를 내리쳤다.

"아얏!"

"도대체 웬 놈들이 겁도 없이 내 아내에게 손을 댄단 말이냐?"

임충은 젊은이의 멱살을 쥐고 얼굴을 들어올렸다.

"아니, 넌……."

자신의 아내를 희롱하려던 젊은이는 다름 아닌 태위 고구의 수양아들 고아내였다. 고아내는 아버지의 세력만 믿고 온갖 나쁜 짓은 다 하고 다니는 소문난 불량배였다.

"쳇, 재수없어. 얘들아! 가자."

고아내는 임충이 자신을 어쩌지 못할 것이라는 사실을 알고는 욕을 하며 그 자리를 떠났다. 임충은 몹시 분하고 억울했지만 고 태위의 아들에게 어떻게 해 볼 수가 없었다. 집으로 온 고아내는 아버지를 찾았다.

"왜 그렇게 잔뜩 화가 났느냐?"

"쳇, 한낱 교관 주제에 나에게 충고를 하려고 들다니……."

"그게 무슨 소리냐? 누가 널 건드렸느냐?"

"아버지, 제 말 좀 들어 보세요. 제가 친구들과 어울려 거리를 걷고 있는데 임충이 내게 다가와서는 '네 아버지처럼 되지 않으려면 학문에 열중해야 한다.'는 둥 이런저런 쓸데없는 말을 지껄이면서 잘난 척을 하지 않겠어요?"

고 태위는 아들의 말만 듣고 화가 머리끝까지 났다.

"뭐야? 감히 내게 그런 말을 하다니. 그 놈을 그냥 두어선 안 되겠군. 좋지 않은 싹은 미리 잘라 버려야 해."

이런 사실을 전혀 모르는 임충은 노지심과 자주 만나 함께 시간을 보냈다. 하루는 임충이 시내에 나갔다가, 칼 한 자루를 들고 흥정을 벌이는 사나이를 만났다.

"이 칼은 앞으로 백 년 동안은 구경할 수도 없는 보검인데, 제대로 된 주인을 만나지 못해 썩는구나."

"어디 좀 봅시다."

"호, 나리께서 칼을 볼 줄 아시나 보군요."

사나이는 칼집에서 칼을 뽑아 임충의 앞에 내밀었다. 칼날이 햇빛을 받아 번쩍 빛을 냈다.

'흠, 훌륭한 칼이로군.'

보검에 욕심이 생긴 임충이 칼의 가격을 물었다.

"얼마에 팔겠소?"

"부르는 게 값이지만 특별히 교관님께는 2천 관에 드리겠습니다."

"보다시피 난 부자가 아니오. 내가 가진 돈은 모두 합해야 1천 관 정도밖에 안 되오. 잘 좀 해 주시구려."

칼 주인은 내키지 않는 듯 잠시 생각하는 눈치였다. 그러나 이내 마음을 정한 듯 임충에게 칼을 내밀었다.

"1천 관에 이 보검을 내준다고 생각하니 가슴이 아프지만, 주인을 제대로 만나는 것 같아 드리는 겁니다."

"아무튼 고맙소."

하인을 시켜 돈을 가져오게 한 뒤, 칼을 받아든 임충은 마치 날아갈 듯이 기뻤다. 늘 좋은 칼 한 자루를 갖기 원했는데 오늘에야 그 소원이 이루어진 것이다.

'내일 아침에 노지심에게도 이 칼을 보여 줘야지.'

임충은 마치 보물을 대하듯 칼을 어루만졌다. 다음 날 일찍 눈을 뜬 임충은 서둘러 아침을 먹은 뒤, 노지심을 만나기 위해 외출을 서둘렀다.

"나리, 고 태위님의 분부이십니다. 손에 넣은 보검을 구경하고 싶으니 곧 칼을 가지고 들어오시라 합니다."

임충은 관가의 심부름꾼 말을 전해 듣고 별로 마음이 편치 않았다. 그러나 심부름꾼의 뒤를 따라 관가로 나갔다.

"지금 태위님은 뒷마당에서 기다리고 계십니다."

뒷마당에 이르자 심부름꾼은 다시 임충을 돌아보며 일렀다.

"태위님은 이 뒤에 계신데, 그 곳까지 제가 모시겠습니다."

첫 번째 문을 지나 다시 두 번째 문으로 들어간 뒤, 세 번째 문에 이르기까지는 주위가 온통 초록빛이었다.

"여기 계십시오. 태위님께 교관님이 오셨다고 전하겠습니다."

안으로 들어간 지 한참이 지났지만 심부름꾼은 도대체 나타날 기미조차 보이지 않았다.

'이상한데? 왜 이리 소식이 없는 걸까? 왠지 불안한 생각이 드는데.'

임충은 당 앞에 쳐진 발을 들추고 안을 들여다보았다. 그의 눈에 띤 현판에는 백호절당이라고 쓰여 있었다.

'아니, 여긴 국가의 중요한 군사 기밀을 의논하는 곳으로 함부로 드나드는 곳이 아닌데.'

어서 이 곳을 나가야겠다고 생각했을 때, 어디선가 사람들이 몰려오는 발자국 소리가 들려왔다. 고 태위가 신하들을 이끌고 모습을 드러냈다. 임충은 그를 보자 신하로서의 예의를 갖추어 인사를 올렸다.

"아니, 임충 자네가 여긴 웬일인가?"

"관가에서 나온 심부름꾼이 태위님께서 저를 보자고 하신다고 하기에 기다리고 있던 중입니다."

"무슨 헛소리를 하는 게냐? 이 놈이 번득이는 칼을 들고 이 깊숙한 곳까지 나를 찾아온 것을 보니 분명 나를 죽이려는 속셈이군."

"아, 아닙니다."

임충은 온몸에 진땀이 흘렀다. 고 태위는 곁에 있던 신하들에게 명령을 내렸다.

"뭣들 하느냐? 저 놈을 당장 잡아들이지 않고."

명령이 떨어지기가 무섭게 이미 대기시켜 놓았던 군졸 20여 명이 나타나 임충을 꼼짝 못하게 묶어 버렸다.

'아차, 고 태위의 계략에 내가 속아 넘어갔군.'

고 태위는 임충에게 사형을 내리려 했으나 곁에 있던 신하가 말렸다.

"태위님을 해치려 한 짓은 죽어 마땅하지만, 그 동안 임충이 무술 교관으로서 성실히 근무한 점을 봐서 창주로 유배를 보내는 것이 좋을 듯합니다."

"좋다, 저놈에게 곤장 20대를 때린 뒤 7근 반짜리 큰 칼을 목에 씌워 창주 감옥으로 끌고 가라."

고 태위는 아량을 베푸는 척했지만, 사실은 임충을 호송하는 관리들에게 돈을 두둑이 주고는, 도중에 죽여 버리라고 지시를 내렸다.

임충은 노지심과 만나 아쉬운 작별 인사를 나누고 동초와 설패라는 관리들을 따라 창주를 향해 길을 떠났다. 날씨는 점점 더워지고 곤장을 맞아 터진 상처가 아물지 않아 임충은 걷기가 무척 괴로웠다.

"아, 조금만 쉬었다 갑시다."

"이놈이 지금 무슨 소리를 지껄이고 있느냐? 죄인 주제에 누구한테 이래라 저래라 하는 게냐? 어서 빨리 걷지 못하겠어!"

두 관리는 몽둥이를 휘두르며 임충을 위협했다. 날이 저물어 임충과 호송 관리는 주막을 찾아 묵었다.

"자, 임충 자네도 한잔 하게나."

웬일인지 호송 관리들이 임충에게 친절하게 술을 권했다. 지치고 피곤했던 그는 아무런 의심도 하지 않고 권하는 대로 술을 받아 마셨다. 곧 천근 같은 졸음이 그의 눈을 짓눌렀다. 임충은 그대로 쓰러져 잠이 들고 말았다.

"후후, 드디어 곯아떨어졌군……. 설패, 어서 가서 펄펄 끓는 뜨거운 물을 준비해 오시오."

"예."

잠시 후, 설패가 대야 가득 물을 들고 들어왔다.

"어유, 발 냄새가 지독하군. 이봐! 발이나 씻고 자도록 하시오."

동초와 설패가 깨우는 소리에 눈을 비비며 일어난 임충은 잠결에 그들이 시키는 대로 대야에 발을 담갔다.

"으악!"

깜짝 놀란 임충이 뜨거운 물에서 급히 발을 빼려고 했으나, 설패는 그의 무릎을 꼭 잡고 놔 주지 않았다. 결국 임충의 발은 화상을 입고 시뻘겋게 부풀어올랐고, 그만 그 자리에서 기절을 하고 말았다.

"이제 내일이면 우리 고생도 끝이야. 저런 발로는 도망도 못 가겠지."

"아함, 졸립다. 그만 자도록 하지."

그들은 마음에 아무런 가책도 느끼지 못하고 코를 골며 잠이 들었다. 다음 날 임충과 호송 관리들은 떠날 채비를 서둘렀다.

"쯧쯧, 저런 몸으로 어떻게 걸으려는 건지 모르겠어."

주막집 주인만이 임충을 안타까운 눈으로 바라보았다. 임충이 덴 발로 인해 꾸물거리며 잘 따라오지 못하자 그들은 고함을 질렀다.

"어서 따라오지 않고 뭘 하는 거냐?"

임충은 이를 악물고 한 발짝씩 내디뎠지만 몹시 고통스러웠다.

'나쁜 놈들!'

어느덧 숲이 울창한 곳에 이르렀다. 호송 관리들은 앞서 가면서 서로 귓속말을 주고받으며 임충의 눈치를 살폈다.

"저 나무 그늘에서 좀 쉬었다 가세."

큰 나무 밑에 자리를 잡고 앉은 그들은 마치 임충이 들으라는 듯이 큰 소리로 이야기를 나누었다.

"시원하니 졸음이 쏟아지는군. 여기서 눈 좀 붙여야겠어."

"저 놈이 우리가 잠든 사이에 도망을 가면 어떡하려고?"

"그렇군. 그럼 이 나무에다 저 놈을 잠깐 묶어 두세."

그들은 곧 몸이 불편한 임충을 소나무에 세워 놓고는 밧줄로 꽁꽁 묶어버렸다. 그리고 몽둥이를 번쩍 치켜들었다.

"우리를 원망하지 마라. 고 태위께서 우리에게 창주로 가다가 적당한 곳에서 너를 없애 버리라고 하셨다. 그 대가로 우리는 꽤 많은 돈을 받았으니 약속을 지켜야지."

금군의 무술 교관인 임충도 나무에 꽁꽁 묶인 몸으로는 어찌해 볼 도리가 없었다.

'이제 마지막이로구나.'

하늘을 한 번 우러러보고 그는 조용히 죽음을 기다리며 두 눈을 꼭 감았다.

"에잇!"

그들의 몽둥이가 임충을 향해 떨어지는 순간, 바로 저쪽에서 쩌렁쩌렁한 목소리가 들려왔다.

"짐승만도 못한 놈들! 그 몽둥이를 어서 내려놓지 못하겠느냐?"

어디서 나타났는지 노지심이 평소 가지고 다니던 선장으로 그들이 들고 있던 몽둥이를 사정없이 내리쳤다.

"자, 이제 너희 차례다. 받아라!"

갑작스런 일이라 정신이 빠진 그들의 머리를 향해 노지심이 선장을 내리치려고 할 때였다.

"멈추시오! 그들에게는 죄가 없소. 제발 죽이지는 마시오."

나무에 매달려 있던 임충이 노지심을 향해 애원했다. 노지심은 임충의 말에 들었던 선장을 조용히 내려놓았다.

"임충의 부탁만 아니었으면 너희들은 지금 지옥에 가 있었을 텐데 운좋은 줄 알아라. 아무래도 두 놈 하는 짓이 수상쩍어 뒤를 밟았는데 과연 내 추측이 들어맞았군."

"형님, 고맙소."

노지심은 임충을 나무에서 끌러 주었다. 그리고 다시 동초와 설패를 돌아보며 단단히 일렀다.

"여기서부터 창주까지 이 어른을 번갈아 가며 등에 업고 가거라. 알아듣겠느냐?"

"예."

임충은 노지심의 은혜에 눈물이 날 정도로 고마웠다.

"이 은혜를 어찌 다 갚아야 할지 모르겠어요. 그럼 형님은 이제 어디로 가시려고 하오?"

"동생과 함께 창주까지 가야지. 이 놈들이 내 눈을 벗어나면 또 무슨 짓을 저지를지 모르잖소."

이제 임충은 마음이 놓였다. 앞장서 가는 노지심의 뒤를 따라 두 호송인의 등에 편히 업혀서 길을 갔다. 며칠을 가니, 드디어 창주까지 70리도 남지 않았다.

"동생, 여기서 창주까지 얼마 남지 않았으니 난 이제 그만 돌아가겠네."

"그 동안 저 때문에 수고 많으셨어요. 훗날 다시 만날 수 있겠지요?"

노지심은 고개를 끄덕였다. 그리고는 두 호송인을 돌아보며 무섭게

으름장을 놓았다.

"자, 저기 보이는 소나무를 너희들 중 누가 한번 뽑아 보겠느냐?"

"해보나마나 저렇게 오래된 소나무를 어떻게 들어올립니까?"

호송인들은 고개를 절래절래 흔들었다. 노지심은 빙그레 한 번 웃고는 선장을 높이 들어 힘껏 소나무 밑동을 내리쳤다.

"세상에 저럴 수가……."

"나무가 쓰러졌잖아?"

그들은 자기들의 두 눈을 의심했다. 노지심은 다시 한 번 그들에게 단단히 일렀다.

"자, 내가 떠나고 난 뒤 이분을 함부로 대했다가는 너희들도 이 나무처럼 만들어 놓을 테니 그리 알아라!"

고개를 굽실거리며 다짐을 하는 호송인들을 뒤로 한 채 노지심은 오던 길로 가 버렸다. 임충 일행은 내일이면 창주에 도착할 수 있었다.

소선풍 시진의 도움

"저기 주막에 들러 좀 쉬었다 갑시다."

세 사람이 주막에 들러서 술과 안주를 주문하자, 주인이 대뜸 이렇게 물었다.

"혹시 저분은 귀양을 가는 길입니까?"

"그렇소. 우리가 명을 받들고 저분을 모시고 창주로 가던 길이오. 그런데 그건 왜 묻소?"

"사실은 이 마을에 소선풍 시진이라는 갑부가 있는데, 주막에 들르는 낯선 나그네들을 보면 자신의 집으로 모셔 오라 했습니다."

호송인들은 이해할 수 없다는 듯이 주막집 주인을 바라보았다.

"아, 그런 눈으로 보실 것 없습니다. 시진이라는 분은 영웅 호걸을 무척 아끼시는 분인데, 낯선 나그네나 귀양길에 오른 죄인들 중에 솜씨가 뛰어난 분들이 많으니 만나 뵙고 후하게 대접해 드리고 싶어서 그런다고 합니다."

"언젠가 나도 소선풍 시진에 대해 부하들이 이야기하는 것을 들은 적이 있소. 한번 만나 보고 싶군."

임충이 이렇게 말하자 호송인들도 허락을 했다. 그들은 곧 주막집 주인과 함께 소선풍 시진의 집을 향해 출발했다.

"안에 전하게. 임충이라는 분이 찾아왔다고."

"여기서 잠시 기다리시오."

안으로 들어간 문지기는 곧 돌아와 임충 일행을 안으로 모셨다.

"어서 오시오. 임 교두의 명성은 익히 들어 잘 알고 있소. 이렇게 찾아 주시니 영광이오."

"저 역시 마찬가지입니다. 대관인을 오늘에야 비로소 이렇게 뵙게 되어 무척 기쁩니다."

서로 반갑게 인사를 나눈 뒤, 흥겨운 잔치가 벌어졌다. 이 때, 하인 하나가 안으로 들어와 말을 전했다.

"홍 교두님이 오셨습니다."

"마침 잘 오셨군. 안으로 들어오시라 해라."

문을 열고 그들 앞에 들어서는 사람은 덩치가 무척 컸으며 처음 보기에도 거만해 보였다. 교두라는 말에 임충은 아마도 시진의 스승쯤일 것이라고 생각했다. 임충은 술자리에서 서둘러 일어나 자리를 권했다.

그러나 홍 교두라는 사람은 임충을 한번 쓱 쳐다보고는 못마땅한 얼굴로 시진에게 불평을 했다.

"대관인, 오늘은 또 어떤 사람을 데려다 놓고 이렇게 술자리를 벌이

셨소?"

"이분은 80만 금군의 창술 교두였던 임충입니다. 아마 그 명성은 들어 보셨을 줄 압니다."

그러자 홍 교두는 가소롭다는 듯이 한바탕 웃어댔다.

"하하하, 대관인은 사람의 말이라면 무조건 믿으시는군요. 그러니 아무나 찾아와서 자신들이 왕년에 교두를 지냈다고 거짓말을 늘어놓고 배불리 먹고는, 그것도 모자라 돈까지 요구하는 게 아닙니까? 이번에는 제가 알아서 할 테니 가만 계십시오."

"어떡하려고 그러시오?"

홍 교두는 임충을 향해 두 눈을 부릅떴다.

"자네가 진정 금군의 창술 교두였다면 나와 한번 겨루어 보세."

"저는 귀양길에 오른 죄인의 몸입니다. 함부로 창을 휘두를 수가 없습니다."

"그렇게 변명할 줄 알았어. 이제 그만 대관인을 속였다고 털어놓으시지."

임충이 무술 겨루기를 거절하자, 홍 교두는 그를 마음껏 비웃기 시작했다. 이를 지켜보던 시진이 임충에게 진심으로 권했다.

"임 교두의 마음은 이해가 갑니다만 꼭 한 번 그 뛰어난 솜씨를 구경하고 싶소. 저 홍 교두 역시 이 곳에 온 지 오래되지 않았기 때문에 그 솜씨를 볼 기회가 많지 않았소. 오늘 좋은 기회를 만났으니 겨루어 보는 게 어떨까요?"

"흠, 대관인께서 그렇게 간곡히 권하시니 더 이상 사양하기가 민망하군요. 대관인의 얼굴을 봐서 그리 하도록 하겠습니다."

두 사람은 마당으로 내려가 쓰기 좋은 몽둥이를 한 개씩 골라잡았다.

"자, 덤벼라!"

홍 교두가 버럭 소리를 지르자, 임충은 그만 몽둥이를 땅바닥에 던졌다. 깜짝 놀란 시진이 물었다.

"왜 그러시오?"

"대관인, 이 싸움은 해보나마나 제가 질 것입니다."

"예?"

"죄인의 몸이라 목에 칼을 쓰고 있으니 어찌 상대를 맞아 싸울 수가 있습니까?"

그제야 시진은 고개를 끄덕이며 하인에게 은전을 가져오도록 시켰다. 그리고 호송인들에게 은전을 쥐어 주며 임충의 칼을 잠시 풀어 주도록 부탁을 했다.

호송인들이 목에 씌운 칼을 풀어 주자, 임충은 날아갈 듯이 몸이 가뿐해졌다. 홍 교두가 임충을 향해 몽둥이를 날리자, 임충은 재빨리 이를 막아냈다. 그리고는 땅을 박차고 뛰어올라 홍 교두를 내리쳤다.

"윽!"

홍 교두는 외마디 비명을 지르며 바닥에 쓰러졌다. 시진은 번개같은 몸놀림으로 홍 교두를 단번에 쓰러뜨린 임충의 창술을 보고 감탄해 마지않았다.

"역시 듣던 대로 대단한 솜씨요."

바닥에 쓰러졌던 홍 교두는 얼굴을 들지 못할 정도로 창피해서 몰래 그 자리를 떠났다. 날이 밝자, 임충의 일행은 자신들을 후하게 대해 준 소선풍 시진에게 감사의 인사를 올리고 집을 나섰다.

그 전에 시진은 임충과 그 호송인들에게 넉넉하게 은돈을 쥐어 주고, 창주의 관원들과 대장 전옥에게 임충을 부탁하는 편지를 써 주었다.

마침내 그 곳을 나온 그들은 한나절이 지나 창주에 도착했다. 호송인들은 그 곳에서 창주 관원들을 만나 임충을 넘겨 준 뒤, 동경으로 돌아갔다. 창주 감옥에 갇히게 된 임충은 먼저 온 죄수들과 인사를 나누었다.

"조금 전 관원들이 떠드는 소리를 들었는데, 당신이 80만 금군을 다스렸던 교두였던 것이 정말이오?"

"우리 감방에 훌륭하신 분이 들어왔군."

죄수들은 임충을 알아보고 잘 대해 주었다.

"이 곳에서 편히 지내려면 관원들과 대장 전옥에게 돈을 듬뿍 쥐어 주면 됩니다."

임충은 죄수들이 일러 준 대로 시진에게서 받은 은전을 관원들에게 골고루 나누어 주었다. 그 효과는 금세 나타나, 처음 들어오면 누구나 맞아야 하는 곤장을 맞지 않아도 될 정도였다.

"자네는 앞으로 천왕당을 지키는 일을 하게. 마당이나 깨끗이 쓸고 아침 저녁으로 향을 피우면 될걸세."

감옥 밖에서의 맡겨진 일도 힘을 안 들여도 될 만큼 편한 것이었다. 어느덧 계절이 바뀌어 겨울이 되었다. 그 날도 마당을 쓸며 하루를 시작하려는데 누군가 임충을 부르는 소리가 들렸다.

"아니, 임 교두님이 아니십니까?"

"자네는……."

"이소이입니다. 저를 알아보시겠습니까?"

이소이라면 동경에 있을 때 곤경에 빠져 사형 직전까지 갔던 것을 임충이 손을 써서 구해 준 사람이었다.

"알다마다. 자네가 여긴 웬일인가?"

"그 때 나리가 힘써 준 덕분에 무사히 풀려난 뒤, 이 곳에 와서 요리사로 지내다가 얼마 전에 요릿집 사위가 됐습니다. 그런데 나리는 이 곳에 어찌 오시게 됐나요?"

임충은 한숨을 푹 쉬며 대답했다.

"어이없게도 고 태위의 모함에 걸려 이렇게 됐네."

"저런, 그간의 고생이 많았겠군요. 어쨌든 기회 닿는 대로 저희 집에 한번 들러 주십시오."

그 뒤로 이소이는 자주 임충을 자신의 음식점에 불러 대접을 하는가 하면, 새 옷을 사 보내기도 하고, 빨래가 쌓이면 가지고 가 깨끗이 빨아 보내곤 했다.

"매번 신세를 지게 되는군. 앞으론 그러지 말게."

"무슨 말씀입니까? 제 목숨을 구해 준 것에 비하면 이건 아무것도 아닙니다. 제가 좋아서 하는 일이니 아무 부담 갖지 마십시오."

"이거 참……."

어느 날, 이소이의 음식점에 동경에서 온 손님 두 명이 찾아왔다.

"주인장! 이리 좀 오시오."

"부르셨나요?"

"창주 감옥의 대장 전옥과 간수장을 이 곳으로 좀 불러 주시오."

"무슨 일로 그러십니까?"

그러자 두 사람 중에서 키가 작은 사람이 화를 벌컥 냈다.

"무슨 잔말이 그렇게 많아? 얼른 가서 그들에게 동경에서 사람이 왔다고 전하기나 하란 말이야!"

곧 창주의 간수장과 전옥이 음식점에 도착하고, 그들은 서로 인사를 나눈 뒤 방으로 들어가 문을 닫아걸었다.

'틀림없이 무슨 일을 꾸미려는 거야.'

수상한 생각이 든 이소이는 아내를 시켜 옆방에 들어가 그들이 나누는 대화를 몰래 엿듣게 했다.

"저들이 무슨 이야기를 하는지 들었소?"

"예, 자세히는 들리지 않았지만 고 태위와 당신의 은인이신 임충 어른의 이름이 자주 나왔어요."

"그렇다면 분명 임 교두님과 무슨 상관이 있는 게 분명하군."

아내와 소곤거리며 말을 나누고 있는 사이, 긴밀한 대화를 끝낸 그들이 방에서 나오는 것이 보였다. 그들은 음식값을 치른 뒤 헤어졌다.

"여보, 잠깐 임 교두님에게 다녀오겠소."

"조심하세요."

이소이가 급히 임충에게 이번 일을 알리려 나가려는 순간, 임충이 음식점에 들어섰다.

"어디를 그리 급하게 가는가?"

"아, 마침 잘 오셨습니다. 드릴 말씀이 있습니다."

동경에서 온 손님의 이야기를 듣고 난 임충은 짐작 가는 사람이 있는 듯 물었다.

"혹시 한 사람은 꽤 작은 키에 나이는 서른 살쯤 되지 않았나?"

"예, 맞아요."

"고 태위의 심복인 육겸이 틀림없어. 아마 내가 아직도 살아 있는 것을 알고는 없애 버리려고 온 걸 거야."

그런 일이 있고 일주일이 되던 날, 전옥이 임충을 불렀다.

"앞으로 말의 먹이를 관리하는 사료장에서 지내도록 하게. 아마 천왕당지기보다는 나을 걸세."

"분부대로 하겠습니다."

임충은 이렇게 대답했으나 마음속으로는 경계를 했다.

'드디어 네놈들이 일을 꾸민 모양이로군.'

짐을 꾸려 사료장으로 갔다. 그 곳은 겨울 바람이 그대로 들이쳐 바깥 날씨와 다를 바가 없을 정도로 추웠다. 곧 늙은 죄수와 교대를 한 임충은 모닥불을 피워 언 몸을 녹였지만 춥기는 마찬가지였다.

"안 되겠군. 술이라도 한잔 하고 와야겠어."

삿갓을 쓰고 호리병을 허리춤에 꿰찬 그는 주막에 들러 술과 고기를 먹은 뒤, 호리병에 술을 가득 담아 다시 사료장으로 향했다.

"이런, 내리는 눈 때문에 앞이 보이지 않는군."

한 걸음 옮길 때마다 쌓인 눈 때문에 앞으로 나아갈 수가 없었다. 그는 길가에 있던 무덤의 움막으로 잠시 몸을 피했다. 호리병에 있던 술을 마시며 추위를 달래고 있던 그의 눈앞이 갑자기 환해졌다.

"어디서 불이라도 났나?"

움막의 거적을 밀치며 밖을 내다본 그는 그만 놀라 자빠지고 말았다.

"사 사료장에서 불이……!"

그가 새로 맡은 사료장에서 시뻘건 불길이 하늘로 치솟고 있었다. 얼른 불을 꺼야겠다는 생각에 움막을 뛰어나가려던 그는 그만 발길을 멈추고 말았다. 움막 밖에서 사람들이 떠드는 소리가 들려왔기 때문이다.

"이번엔 임충도 독 안에 든 쥐의 신세로 꼼짝 못하고 죽었을 겁니다."

"하하하, 이 모든 게 전옥님과 간수장이 힘써 준 덕분이오. 올라가는 대로 고 태위님께 잘 말씀드려 좋은 자리를 만들어 드리겠소."

"그렇게만 해 주신다면 더 바랄 게 없습니다. 만일 임충 그 놈이 운 좋게도 목숨을 건진다고 하더라도 사료장을 불태워 버린 죄는 면하기 어려울 것입니다."

그들의 이야기를 들으면서 임충은 하늘이 노래지는 것 같았다.

'동경에서 내려온 육겸, 창주 감옥을 관리하고 있는 대장 전옥과 간수장이 나를 모함하려고 꾸민 짓이군.'

더 이상 그들이 하는 대로 내버려두었다가는 결국 죽음을 면치 못할 것이라는 생각이 들자 그는 움막을 박차고 나갔다.

"이놈들! 하늘이 무섭지도 않으냐?"

임충은 손에 쥔 창으로 그들을 닥치는 대로 찔렀다. 사방에 피가 튀고 비명 소리가 끊이지 않았다.

"아아……."

순간적으로 저지른 일이라 후회를 해도 소용이 없었다. 임충은 한없이 눈물을 흘리며 창주의 관가를 찾아 자수를 하기로 마음먹었다. 그러나 거친 눈보라 때문에 자신이 어디로 가고 있는지도 알 수 없었다.

"이대로 여기서 얼어 죽는구나!"

더 이상 걸을 힘도 없어진 그는 그 자리에 털썩 주저앉았다. 그 때 멀리 집이 보이고 불빛이 비치었다. 임충은 다행이라고 여기며 지친 다리를 이끌고 그 곳으로 찾아가 하룻밤 묵게 해 달라고 부탁을 했다.

"낯이 익은데……. 이제 보니 당신은 우리 주인 어른의 집에 손님으로 오셨던 임 교두님이시로군요."

"나를 알아보는 당신은 누군가요?"

"저는 소선풍 시진의 집 하인입니다. 여기는 그분의 농장으로 나리께서 지금 이 곳에 머물고 계십니다."

잠시 후, 하인의 안내로 시진과 다시 만난 임충은 그 동안의 일을 하나도 숨김없이 이야기했다.

"거참, 임 교두처럼 훌륭한 분이 어쩌다 이런 곤란한 지경에까지 이르렀는지 모르겠군요. 우선 이 곳에 숨어 지내면서 앞으로의 일을 생각해 봅시다."

"다시 대관인의 신세를 지게 되어 면목이 없습니다."

일주일의 시간이 흘렀다. 관가에서는 임충에게 수배령을 내리고 잡아오는 자에게는 3천 관의 현상금을 준다는 방을 거리마다 붙였다.

"대관인, 이제 그만 이 곳을 떠나야겠습니다. 염치 없는 말이지만 약간의 노잣돈을 주시면 고맙겠습니다. 훗날 이 은혜를 갚을 때가 있겠지요."

임충은 혹시라도 신세를 지고 있는 시진에게 피해가 갈까 봐 서둘러 떠나려 했다. 시진은 그런 그의 마음을 눈치챘다.

"별말씀을 다 하십니다. 어려울 때 서로 돕고 지내야 하는 것이 당연한 일이지요. 이 곳에 있기가 거북하시면 임 교두께서 가실 데를 마련해 드리겠소."

"제가 가 있을 만한 곳이 있습니까?"

"혹시 들어 보셨는지도 모르겠습니다. 산동 땅에 있는 양산박이라는 곳이오. 주위가 8백 리나 되는 험한 곳으로 세 명의 호걸이 다스리고 있답니다. 첫째 두령이 왕륜이고 둘째 두령이 두천, 셋째 두령이 송만으로, 7백 명의 부하들을 이끌고 노략질을 하고 있소. 관가에서도 워낙 지형이 험한 곳이라 가까이 가지 못하고 있는 형편입니다. 양산박의 세 두령과는 서로 아는 사이라 제가 편지를 써 드리면 반갑게 맞아 줄 것입니다."

시진의 말에 임충은 얼굴빛이 환해졌다.

"제가 숨어 있기에 꼭 알맞은 곳이로군요."

"그럼 임 교두님의 거처는 그 곳으로 하도록 손을 써 놓겠소. 그럼 한 가지 문제만 남았군요. 창주 관아에서 교두님을 잡기 위해 새로이 관을 하나 설치하고 경비를 엄하게 한다고 합니다. 이 곳만 무사히 지나갈 수 있으면 될 텐데……."

다음 날, 시진은 사냥을 하는 차림으로 많은 하인들과 사냥개를 앞세우고 창주를 빠져 나갔다. 하인들 틈엔 변장을 한 임충이 끼여 있었다.

드디어 관아에서 나온 군졸들이 늘어선 관 앞에 시진의 일행이 도착했다. 관을 담당하고 있던 장교가 시진 앞으로 나서며 말했다.

"사냥을 나가시는가 보군요."

"그렇소. 그런데 무슨 일이오? 왜 이렇게 군졸들이 경비를 엄하게 서고 있나요?"

"죄인 임충을 잡으라는 상부의 지시입니다."

"수고가 많으시군요. 그럼 이만 가 보겠소."

시진은 아무것도 모르는 척하며 경비를 서는 장교와 이야기를 나누었다. 무사히 관을 통과한 임충은 그들과 헤어져 양산박을 향해 걸음을 재촉했다.

열흘이 지나 양산박 근처까지 이르렀을 땐 눈이 내리고 사방이 어두컴컴해져 있었다.

'저기 호숫가에 술집이 보이는군.'

임충은 술집으로 들어가 술과 안주를 시켰다.

"이곳에서 양산박으로 가려면 어디로 가야 합니까?"

"거의 다 왔소만 양산박으로 들어가려면 이 호수를 건너야 합니다."

"그럼 배를 구해야겠군. 호수를 건널 배를 구하려면 누구에게 부탁을 해야 합니까?"

술집 주인은 고개를 가로저었다.

"이 궂은 날씨에 누가 배를 띄우려고 하겠소?"

임충은 주인의 대답에 그만 고개를 떨구었다. 힘들게 양산박 근처까지 찾아왔는데 배가 없어 무작정 기다려야 하니 애가 탔다.

"휴, 내 신세가 왜 이리 됐을까?"

그는 술집 주인을 불러 붓과 먹을 가져오라고 한 뒤, 답답한 심정을 벽에 시로 적어 내려갔다. 붓을 내려놓고 다시 술을 마시고 있으려니 누군가가 그의 어깨를 툭 쳤다.

"배짱 한번 두둑하군. 창주에서 죄를 짓고 도망온 주제에 벽에 내놓고 이름을 밝혀 놓다니…….”

“당신 누구요?”

임충이 뒤를 돌아다보니, 털모자를 비껴 쓰고 가죽옷에 가죽신을 신은 웬 키 큰 사나이가 그를 내려다보고 있었다.

“그건 알 거 없고, 당신이 임충 맞지?”

“뭔가 잘못 아셨소. 나는 장이란 성을 가진 사람이오?”

“방금 벽에 분명 임충이란 이름을 써 넣지 않았소?”

키 큰 사나이는 다 알고 있다는 듯이 빙그레 웃었다.

“현상금이 탐이 나는 모양이군. 그래 내가 임충이 맞는다면 청주 관아로 넘길 생각이오?”

“그러길 바라시오? 하하하…….”

사나이는 한바탕 웃어젖히고 임충의 옆에 자리를 잡고 앉았다.

“걱정하지 마시오. 당신을 관가에 고해 바칠 생각은 없소. 그런데 조금 전 술집 주인에게 양산박으로 들어가는 길을 묻던데, 그 곳은 왜 가려고 하시오?”

“보다시피 쫓기는 몸이라 안전한 곳을 찾아가려는 것이오.”

“누가 그리로 가라고 일러 주었소?”

“그 동안 내게 많은 도움을 준 소선풍 시진이 가르쳐 주었소.”

그제야 사나이는 모든 게 이해가 간다는 듯이 고개를 끄덕였다.

“시진이라면 나도 잘 알고 있소. 이제 내가 누구인지 밝혀도 될 것 같군. 난 양산박의 첫째 두령인 왕륜을 모시고 있는 주귀요. 두령의 지시대로 이 술집에 자리를 잡고 이 곳을 지나는 나그네의 주머니를 털고 있소.”

그날 밤 그 곳에서 하룻밤을 보낸 임충은 다음 날 주귀와 함께 양산박으로 들어가는 배를 탔다. 얼마를 가니 다시 육지가 나와서, 그들은 배에서 내렸다. 산을 올라가 한참을 가니 깊은 숲 속이 나타났다. 숲 안쪽에는 큰 관문이 앞을 가로막고 있었다.

'많은 무기들과 깃발을 마치 나무처럼 꽂아 두었군.'

그러한 관문을 두 개 더 지나자 마침내 산채가 나타났다. 넓은 평지에 몇 채의 집이 줄지어 늘어서 있었다.

"자, 저리로 갑시다."

취의청으로 들어간 임충은 품속에서 시진의 편지를 꺼내어 화려한 의자에 앉아 있는 왕륜 두령에게 바쳤다.

양쪽에 두천과 송만 두령을 거느린 첫째 두령 왕륜은 보기보다 소심한 성격을 가진 사람이었다. 왕륜은 임충의 소개장을 쭉 읽은 뒤, 잠시 생각에 잠겼다.

'저 자가 과거에 금군의 무술 교관을 지냈다면 필시 호걸 중의 하나일 것이다. 나를 비롯한 두천과 송만은 사실 무예가 특별히 뛰어난 편도 아니기 때문에 언젠가는 저 놈에게 이 자리를 빼앗길지도 모른다. 호랑이는 처음부터 이 곳에서 멀리 내쫓는 것이 나중을 위해서 안전할 것이야.'

왕륜은 곧 부하를 불러 지시를 내렸다.

"얼른 가서 은전 50냥과 비단 두 필을 가져오너라."

가져온 물건을 임충 앞에 내놓으면서 왕륜이 천천히 말했다.

"여기까지 어렵게 찾아오셨습니다만 다시 돌아가야겠소. 이 곳은 보기와는 달리 양식이 넉넉지 못하고 있을 곳도 여의치 않소. 부디 서운하게 생각지 마시고 여기 준비한 노자를 성의로 받으시고 돌아가 주시오."

왕륜의 거절에 임충은 어리둥절했다.

"부디 이 곳에서 나가란 말은 거두어 주시오. 이미 세상에 죄를 짓고 쫓기는 몸이라 마땅히 갈 곳이 없습니다. 돈에는 크게 욕심이 없으며 세 분 두령님이 시키는 대로 열심히 일해 보답하겠습니다."

"어허, 이거 참⋯⋯."

임충의 간절한 부탁에 왕륜은 난감했다. 양산박의 첫째 두령이 된 자로서 이러한 부탁을 매몰차게 거절할 수는 없는 노릇이었다.

'이 곳에 저 자를 머물게 했다가는 필시 내 자리가 위태로울 텐데⋯⋯.'

잠시 머뭇거리던 왕륜은 임충을 향해 한 가지 제안을 했다.

"정 그렇게 이 곳에 머물기를 원하신다면 투명장을 들여놓으십시오."

"좋습니다. 붓과 벼루를 주시면 당장 써 드리겠소."

"하하하, 뭘 잘못 알고 계시는군요. 투명장이란 각서가 아니라 산 사람의 목을 뜻하는 것이오."

"네?"

왕륜은 깜짝 놀라는 임충을 향해 다짐을 했다.

"앞으로 사흘의 시간을 주겠소. 누구의 목이라도 괜찮으니 하나 가져오시오. 그것으로 당신의 변치 않는 마음을 확인하겠소."

적발귀 유당

임충은 왕륜의 제안이 별로 마음에 들지 않았으나 별 다른 방법이 없었다. 다음 날 날이 밝자, 산 아래로 내려가 보았으나 헛일이었다. 하루 이틀이 그냥 흘러갔다.

"이제 내일이면 약속한 날짜요. 만일 내일도 허탕을 치면 산채로 돌아올 것 없이 그대로 다른 곳으로 가도록 하시오."

'이제 이 곳에서 쫓겨나면 어디로 간단 말인가?'

다음 날 짐을 꾸린 임충은 체념한 채 산을 내려왔다. 어느덧 해가 지고 있었다. 그 때 저쪽에서, 내린 눈이 녹지 않은 길을 걸어오는 사나이가 눈에 띄었다. 키는 7척쯤으로 얼굴에는 칼자국이 선명했다.

'옳지, 이번이 하늘이 주신 마지막 기회다. 저 놈의 목을 베어 다시 양산박으로 돌아가야겠다.'

칼을 빼 든 임충은 주저하지 않고 앞으로 썩 나섰다.

"멈추어라!"

"허, 누군가 했더니 양산박의 도둑놈이로군. 그래, 어디 한판 붙어 보자!"

맞은편에서 오던 사나이 역시 임충의 호령에 기죽지 않고 칼을 뽑아 들었다. 마침내 두 사람의 칼이 불을 뿜으며 허공에서 마주쳤다.

벌써 싸운 지 30여 합이 넘었는데도 도무지 승부가 나질 않았다. 임충은 사나이의 무술 솜씨에 감탄했다.

'제법 칼을 휘두르는군.'

임충을 맞아 싸우던 사나이 역시 마음속으로 혀를 내둘렀다.

'보통 솜씨가 아니군. 도둑놈이 마구 휘두르는 무술과는 전혀 달라.'

그 때 어디선가 그들의 싸움을 말리는 소리가 들려왔다.

"이제 그만들 하시오. 아무래도 두 분의 칼 솜씨가 보통이 아니라 승부가 날 것 같지 않소. 이쪽은 우리 양산박에 머물고 있는 표자두 임충이라고 하는데, 그쪽은 성함이 어떻게 되시오?"

왕륜이 두천, 송만과 함께 부하들을 이끌고 모습을 나타냈다.

"내 이름은 청면수 양지요."

"들어 본 적이 있소. 이렇게 만난 것도 인연인데 우리 함께 산채로 올라가 술이라도 한잔합시다."

양산박의 두령 왕륜은 임충과 양지를 데리고 산채로 올라갔다. 양지는 술잔을 기울이며 그 동안의 일들을 이야기했다.

"아시는지 모르겠지만 저는 궁중에서 정원을 관리하는 일을 하던 중 만세산 짓는 일을 돕게 되었소. 그런데 태호에서 배로 큰 돌을 싣고 오다가 그만 황하에서 풍랑을 만나 배가 가라앉고 말았소. 덜컥 겁이 나서 궁궐로 돌아가지 못하고 몸을 숨기고 지내다가, 이번에 용서를 받을 기회가 있어 동경으로 가던 길이었소."

"숨어 지내는 동안 마음 고생이 심했겠소."

왕륜은 두 호걸을 바라보며 어쩌면 좋은 기회라고 생각했다.

'그래, 저 두 사람을 이 곳에 함께 머물도록 하면 되겠다. 무술 솜씨도 막상막하이니 서로 견제하기에도 좋겠군.'

그러나 양지는 왕륜의 뜻을 단번에 거절했다.

"말씀은 고맙습니다만 전 제가 하던 일을 하고 싶습니다. 이만 떠나도록 하겠습니다."

할 수 없이 왕륜은 양지를 떠나보내고 임충을 양산박의 네 번째 수령으로 앉혔다. 동경에 도착한 양지는 뇌물을 써서 벼슬 자리를 얻으려했지만, 고 태위는 돈이 적다는 이유로 거절했다.

'이것만은 팔지 않으려고 했는데. 하는 수 없군.'

양지는 조상 대대로 전해 내려오는 보검을 팔기로 작정하고 길거리로 나섰다. 시간이 한참 지났으나 누구 하나 거들떠보는 사람이 없었다.

"어서 피해! 저기 우이가 온다."

거리를 지나던 사람들은 마치 산에서 호랑이라도 내려오는 것처럼 허둥대며 피해 달아났다. 우이는 동경 시내에서 모르는 사람이 없을 정도로 질이 나쁜 불량배였다. 그러나 양지가 이를 알 까닭이 없었다.

"호, 이 칼이 네 거냐?"

"그렇소. 조상 대대로 내려오는 보검이지만 돈이 급해 팔려고 내놓은 것이오.”

“이까짓 게 무슨 보검이란 말이야?”

“무릇 보검이란 쇠붙이를 잘라도 날이 빠지지 않으며, 깃털을 갖다 대면 저절로 잘라지고, 사람을 죽여도 칼에 피가 묻지 않는 법이오. 이 칼이 세 가지를 모두 갖추고 있는데 어찌 보검이 아니라고 하시오?”

양지는 우이에게 친절히 칼에 대해 설명을 해 주었다.

“그 말이 정말이냐? 그럼 어디 증명을 해 봐!”

“좋소.”

양지는 가지고 있던 동전을 몇 개 포개어 단숨에 내리쳤다. 그러자 동전이 보기 좋게 반으로 갈라졌다.

“좋아, 이번엔 이 머리카락을 잘라 보아라.”

우이가 내민 머리카락을 양지는 칼날 위에 대고 훅 불었다. 머리카락은 날카로운 칼날에 잘려 땅 위에 사뿐히 내려앉았다.

“흠, 좋아. 그럼 이번엔 사람의 피를 증명해 보일 차례군. 어디 내가 한번 해 볼까?”

우이가 눈을 번득이며 칼을 집어 양지를 내리치려고 했다.

“앗! 무슨 짓이오?”

양지는 급히 몸을 피해 칼을 쥔 우이의 손목을 세게 내리쳤다. 순간 칼이 빗나가면서 우이의 목을 스쳤다.

“악!”

뜻하지 않은 실수로 우이는 그만 숨을 거두고 말았다. 갑자기 일어난 일에 양지는 멍할 따름이었다.

‘아, 이게 무슨 일이란 말인가? 벼슬을 하러 동경으로 온 내가 살인을 하다니…….’

비참한 생각뿐이었지만 양지는 곧 관가를 찾아 자수를 했다.

"네 죄는 사형을 받아 마땅하지만 고의로 살인을 저지른 것이 아닐 뿐 아니라 자수를 했으니 귀양을 보내는 것으로 대신하겠다."

우이라면 관가에서도 치를 떨던 불량배였기 때문에, 관가에서는 양지에게 관대한 벌을 내렸다. 북경으로 귀양을 간 양지는 유수사 양중서의 눈에 들어 신임을 받았다.

'양지에게 좋은 직책을 주어 가까이 두고 싶구나. 그렇지, 성질이 거친 장교 주근과 창겨루기를 해서 승부를 가려야겠다.'

곧 주근과 양지가 뜰에 나란히 들어왔다.

"이 창 끝에 달린 것은 칼날이 아니라 흰 가루를 뭉쳐 놓은 것이다. 이 가루를 상대편에게 많이 묻히는 자가 이번 시합에서 이기는 걸로 하겠다."

양중서의 신호가 떨어지자 두 사람은 있는 힘을 다해 싸웠다. 겨루기가 50합이 되어 가자, 주근의 옷은 아예 하얗게 되었다.

흐뭇한 미소를 띤 양중서가 양지의 손을 들어 주려고 할 때였다. 군사들 중에 삭초가 손을 번쩍 들고 나섰다.

"제게도 양지와 싸울 기회를 주십시오."

"좋다! 시작해라."

삭초의 뛰어난 무술 솜씨를 잘 알고 있던 양중서는 볼만한 시합이라는 생각에 허락을 내렸다. 두 사람이 맞붙어 싸운 지 40여 합이 지나도록 승부가 나지 않았다.

"허허, 아무래도 오늘 안으로 승부가 나지 않겠구나. 어느 한 사람 기울지 않고 두 사람 다 뛰어나다. 앞으로 두 사람은 내 곁을 지키도록 해라."

그러던 어느 날, 양중서는 장인의 생신 소식을 전해 들었다. 그의 장인이 되는 태사 채경은 고 태위와 비슷한 권력을 가진 사람이었다. 양 중서는 장인의 생신에 보낼 10만 관의 예물을 호송하는 일을 양지에게 맡기기로 작정했다.

"지난번 장인 어른의 생신 때 보낸 선물도 도적놈들을 만나 거의 털리고 말았다. 이번에는 특별히 너에게 이 일을 맡길 테니 실수 없도록 해라."

"분부대로 하겠습니다."

막중한 임무를 맡은 양지는 힘센 장사만 열 명 정도 추려서 예물을 봇짐에 나누어 등에 지게 했다.

한편, 산동 제주 운성현이라는 곳에 두 호걸이 있었다. 한 사람은 그 수염을 기른 모양이 몹시 아름답다고 하여 미염공 주동이라 했고, 또 한 사람은 무척 힘이 센 장사라 삽시호 뇌횡이라 불렸다.

하루는 제주 지사가 두 사람을 불러들였다.

"관내에 있는 양산박의 도둑 떼들이 무서운 줄 모르고 함부로 노략질을 하고 있다니 자네들이 군졸들을 이끌고 혼을 내 주도록 해라."

"걱정하지 마십시오."

주동과 뇌횡은 양산박 주변을 돌며 도둑 떼가 나타나기만을 기다렸다. 순찰을 돌던 어느 날, 뇌횡이 영관묘 앞을 지나가게 되었다.

'이상한걸? 왜 문이 열려 있지? 누가 저 안에 들어간 걸까……?'

군사들을 거느린 뇌횡이 살며시 문을 열고 들어서니, 웬 사나이가 옷을 모두 벗은 채로 코를 골며 자고 있었다.

"저 놈을 꽁꽁 묶어라."

순식간에 당한 일이라 그 사나이는 꼼짝달싹하지 못하고 결박을 당하고 말았다. 뇌횡은 관아로 돌아가는 길에 동계촌 조개의 집에 잠시 들렀다. 조개는 이 곳에 산 지 꽤 오래된 갑부로 사람들과 어울리는 것을 무척 즐겼다. 게다가 창술과 검술에도 뛰어나 호걸들을 만나게 되면 후하게 대접하곤 했다.

"지나는 길에 들렀습니다."

"잘 오셨소. 그래 도둑놈들은 좀 잡으셨소?"

"군사들이 거리 곳곳에 순찰을 돌아서 그런지 양산박 도둑놈들이 코빼기도 보이지 않는군요."

뇌횡은 웃으면서 대답했다.

"아, 한 놈 붙잡기는 했소. 오늘은 영관묘에서 늘어지게 자고 있는 수상한 놈이 있길래 붙잡아 왔소."

"그래요? 어디에 두었나요?"

"뒤뜰 홰나무에 잠시 묶어 두었소."

조개는 하인을 시켜 술과 안주를 가져오라 한 뒤, 뇌횡에게 권했다.

"이거 번번이 신세를 지는군요."

"별말씀을 다 하십니다. 어서 드십시오. 저는 잠시 밖에 나갔다 오겠습니다."

조개는 조금 전부터 뇌횡이 붙잡아 온 낯선 사나이가 궁금하기도 해서 슬그머니 뒤뜰로 가 보았다. 뇌횡의 말대로 낯선 사나이는 나무에 꼼짝없이 묶여 있었다. 가까이 다가가 자세히 살펴보니 귀 밑에 붉은 점이 선명히 나 있었으며 그 점 위에 노란 털이 송송 돋아 있었다.

'얼굴 생김새로 봐서는 보통 사람이 아니야.'

사람의 관상을 조금 볼 줄 아는 조개는 사나이에게 물었다.

"이 마을 사람 같지는 않은데, 어디에서 왔소?"

"사람을 만나러 이 먼 곳까지 왔는데, 뜻하지 않게 붙잡힌 몸이 되고 말았소."

"누굴 만나려고 하시오?"

"혹시 아실는지 모르겠소. 조개라는 분이오."

조개는 마음속으로 깜짝 놀랐다. 그러나 짐짓 모르는 체 되물었다.

"그분은 왜 찾소?"

"그분은 호걸들을 만나면 무척 반기고 귀하게 여긴다고 들었소. 큰일을 함께 의논할 겸 해서 왔소."

"흠, 내가 바로 조개요. 우선 그 결박에서 풀려나야 할 테니 내 말을 잘 들으시오. 조금 있다가 나를 다시 보거든 무조건 외삼촌이라고 부르시오. 알겠소?"

나무에 묶인 사나이는 고개를 끄덕였다. 조개는 곧 뇌횡이 있는 방으로 들어가 함께 술을 마셨다.

"그럼, 이만 가 보겠소."

뇌횡이 자리에서 일어서자 조개가 그를 배웅하기 위해 따라 나섰다. 나무에 묶인 사나이가 군사들에게 이끌려 나가려던 순간이었다.

"아, 외삼촌 아니세요?"

조금 전 조개가 시킨 대로 그 사나이는 조개를 보고 큰 소리로 알은체를 했다.

"넌 왕소삼이 아니냐?"

"이 사나이를 아십니까?"

뇌횡이 고개를 갸웃거리며 조개에게 물었다.

"벌써 오래 전 일이오. 내 동생 부부와 함께 남경으로 떠난 뒤 소식이 없었는데 이렇게 만나게 될 줄이야. 귀 밑에 있는 붉은 점으로 봐서 내 조카 되는 왕소삼이 틀림없소."

"그랬군요."

그 사나이는 더 애절하게 눈물을 흘리며 하소연을 했다.

"외삼촌, 저 좀 구해 주세요. 전 잘못한 일이 없어요."

"이놈! 잘못한 일이 없는데 이렇게 결박을 당했느냐?"

조개가 사나이에게 버럭 소리를 지르자 뇌횡이 가로막고 나섰다.

"사실은 영관묘 안에서 벌렁 드러누워 자고 있기에 수상쩍은 생각이 들어 일단 끌고 가서 조사를 해 보려고 붙잡은 것입니다. 만약 조개 어른의 조카인 줄 알았다면 아예 끌고 오는 일도 없었을 것이오."

곧 사나이는 결박에서 풀려났다. 조개는 고개를 조아려 감사의 인사를 한 뒤, 뇌횡의 손에 은전을 살짝 쥐어 주었다.

"제 조카가 소란을 피워 죄송합니다. 가시는 길에 요기나 하십시오."

곧 뇌횡이 부하들을 거느리고 그 곳을 떠났다. 조개는 곧 사나이를 뒤뜰 조용한 방으로 안내했다.

"그리로 앉으시오. 댁은 누구시오?"

"동로주에 사는 유당으로, 귀 밑에 붉은 점이 있어 사람들은 저를 적발귀라고 부른답니다. 그럼 제가 조개 어른을 찾아온 이유를 말씀드리겠습니다."

적발귀 유당은 혹시 누가 들을세라 목소리를 낮추었다.

"북경 대명부 양중서가 장인 채 태사 생신에 10만 관의 금과 보물을 보낸다고 합니다. 이 어마어마한 돈은 모두 백성들을 억압하고 가로챈 재물이라, 우리가 나서서 빼앗은 뒤, 어려운 사람들에게 나누어 주는 것이 옳다고 생각합니다. 이 일을 의논하려고 호걸 중의 한 분인 조개 어른을 찾아왔습니다."

"흠, 자네 말이 맞네. 그러나 이 일은 함부로 나서서는 안 되네. 좀더 시간을 두고 생각해 보기로 하세."

약을 탄 술

적발귀 유당은 혼자 방에 남게 되자 엉뚱한 생각이 불쑥 들었다.

'나를 결박한 뇌횡이란 놈, 생각할수록 괘씸하군. 단지 영관묘 안에서 잠을 잔 것뿐인데 나를 잡아 나무에 매달다니 말이야. 게다가 조개 어른에게 돈까지 뜯어 가다니.'

유당은 급기야 자리를 박차고 뛰어나가, 한참 멀리 가고 있는 뇌횡을 불러 세웠다.

"게 섰거라!"

"아니, 저놈은 조개 어른의 조카 왕소삼이 아니냐?"

숨을 헉헉거리며 뇌횡 앞에 다가온 유당은 다짜고짜 외쳤다.

"이놈, 네가 양심이 있다면 우리 외삼촌에게서 받은 돈을 다 내놓고 가거라!"

"허, 결박을 풀어 주었더니 이제 보따리를 내놓으라는 셈이군. 돈을 못 주겠다면 어쩌겠느냐?"

"못 주겠다고? 그럼 내 칼을 받아라!"

유당과 뇌횡은 서로 칼을 뽑아 들고 결투를 했다. 이리저리 칼날이 오고가기를 50여 합이 넘었지만 도무지 승부가 나지 않았다. 그 때, 얼굴이 학같이 희고 지혜로워 보이는 학자 차림의 선비가 나타나 그들의 싸움을 말렸다.

"이제 그만들 하시오."

그들이 선비에게 눈을 돌리는 순간, 저쪽에서 조개가 말을 달려왔다.

"이게 무슨 소란이냐? 어서 사과하지 못하겠느냐!"

조개가 유당을 바라보며 호되게 야단을 쳤다. 유당은 아무 말 못 하고 그만 고개를 숙였다. 뇌횡은 조개가 조카의 잘못을 빌자 화가 풀려

가던 길을 재촉했다.

"조개 어른의 조카라고요? 무술 솜씨가 참으로 대단하더군요."

"오용 선생, 사실 이 사람은 제 조카가 아닙니다. 시간이 괜찮다면 제 집으로 가도록 하시죠. 마침 드릴 말씀도 있습니다."

조개가 허리를 굽실거리며 오용 선생이라고 부르는 사람은, 지혜와 학문이 대단히 뛰어나 모르는 것이 없어 사람들로부터 존경받고 있는 학자였다.

뒤뜰 깊숙한 방에 세 사람이 모였다. 조개는 오용에게 유당이 꾸민 계략을 자세히 들려 주었다.

"사실 어제 꾼 꿈이 예사롭지 않았습니다. 북두칠성 옆에 다시 별 하나가 더 붙어 여덟 개가 된 것을 보고 이상히 여겨 잠에서 깨어났죠. 그런데 마침 유당이 저를 찾아와 이런 이야기를 듣게 되었습니다."

"좋은 꿈이로군요. 우선 우리 외에 이번 일에 가담시킬 호걸들을 더 모아야 하겠소."

"아시는 분 중에 훌륭한 호걸이 있나요?"

조개는 오용에게 바짝 다가앉으며 물었다.

"원씨 3형제라면……."

"어디 사는 누구요?"

"양산박 근처 석갈촌에서 고기 잡는 일을 하며 살고 있는데, 첫째가 원소이, 가운데가 원소오, 그리고 막내가 원소칠이라고 합니다. 물에서는 그들을 당할 자가 없을 정도로 헤엄을 잘 치고, 의리를 목숨처럼 여기는, 무예가 아주 뛰어난 젊은이들입니다. 원씨 3형제가 이번 일에 가담하게 되면 큰 힘이 될 것입니다."

조개는 크게 기뻐하며 오용에게 원씨 3형제를 설득해 달라고 했다.

"좋소, 그럼 그들을 만나고 오겠소."

석갈촌으로 향한 오용은 먼저 큰형 원소이의 집에 들렀다.

"안에 있는가?"

"아니, 이게 누구십니까?"

원소이는 오용 선생을 보고 반갑게 맞아 주었다. 두 사람은 한참 동안 요즘 지내는 이야기를 나누었다.

"오늘 자네를 찾은 것은 긴히 할말이 있어서야. 두 동생과 함께 이야기를 나누었으면 하는데."

"그럼 가까운 소칠이네 집부터 들르기로 합시다."

오용은 곧 원씨 3형제와 함께 호숫가 근처 술집에 모여 앉았다. 그는 조개와 유당이란 사람을 만난 이야기를 들려 주며 새로운 계획에 대해 이야기했다.

"어떤가? 자네들도 이 일에 참여할 생각이 있는가?"

"마침 고기잡이도 시원치 않아 놀면서 지내던 중이었는데 잘됐군요. 선생의 말씀을 따르겠어요."

오용은 기뻐하며 원씨 3형제와 함께 조개의 집으로 향했다.

"잘 오셨소. 앞으로 우리 여섯 사람은 하늘에 대고 맹세를 한 동지입니다. 이제부터 한 뜻으로 행동을 해야 하오."

"물론입니다."

서로 처음 만난 사이이지만 오랫동안 사귀어 온 친구처럼 스스럼이 없었다. 한창 이야기가 무르익을 무렵이었다.

"나리, 지금 웬 도사 한 분이 찾아왔습니다."

"지금 중요한 일을 의논 중이니, 쌀이나 시주하고 보내거라."

조개가 문 밖에 온 하인을 나무랐다.

"그러잖아도 돈과 쌀을 주고서 가 보라고 했습니다. 그런데 막무가내로 주인 나리를 뵙고 가겠다고 합니다."

"거참······."

조개는 못마땅한 듯 헛기침을 했다.

"할 수 없군. 죄송합니다만 잠시만 기다려 주십시오. 제가 잠깐 나가 보고 오겠소."

"저희들은 걱정 말고 다녀오시오."

곧 밖으로 나간 조개의 귀에 우렁찬 고함 소리가 들려왔다.

"어서 썩 조개 어른 앞으로 안내하지 못할까? 너희 놈들이 천하의 호걸을 어찌 구별할 수 있겠느냐?"

키는 8척쯤 되어 보이는 도사 차림의 사나이가, 집 안으로 들어오지 못하도록 막는 하인들을 물리치며 호령을 했다.

"내가 이 집 주인 조개요. 보아하니 하인들이 쌀과 돈을 드렸는데, 그만 돌아가시지 않고 어찌 이리 소란을 피우십니까?"

"아, 당신이······. 조개 어른을 만나려고 하다 보니 본의 아니게 소란을 떨었습니다. 너그럽게 용서하십시오."

"그래 무슨 일로 나를 찾았나요?"

"조용히 드릴 말씀이 있습니다."

조개는 도사를 곧 안으로 청했다.

"이곳은 하인들이 드나들지 않는 곳이니 무슨 말씀이든지 하셔도 됩니다. 도사님은 누구신지요?"

"아, 인사가 늦었군요. 저는 입운룡 공손승이라고 합니다. 도술을 배워 안개와 구름을 마음대로 불러 타고 다닌다고 해서 사람들이 그렇게 부른답니다. 제가 조개 어른을 이렇게 찾아온 이유는 10만 관의 금은보화를 얻는 데 뜻을 같이하고 싶어서입니다."

공손승의 말이 끝나자 조개는 빙그레 웃었다.

"10만 관의 보물은 바로 동경으로 가는 생신 예물이 아닌가요?"

"아니, 그걸 어떻게……?"

"하하하, 그 일이라면 제대로 찾아오셨소. 자, 나와 함께 우리 동지들이 모여 있는 곳으로 갑시다."

조개는 공손승을 데리고 다섯 명의 호걸이 모인 방으로 들어갔다. 그들에게 일일이 소개를 한 뒤 자리를 함께 했다.

"조개 어른의 꿈처럼 북두칠성을 뜻하는 일곱 명의 호걸이 한자리에 모였군요. 자, 이제 구체적으로 의논해 봅시다. 먼저 10만 관의 보물이 어느 길을 거쳐 오는지 알아봐야겠군요?"

오용이 먼저 나서서 한 마디 하자 공손승이 대답했다.

"그건 제가 벌써 알아보았소. 황니강을 지나간다고 합니다."

"잘됐군요. 황니강 동쪽 안락촌에 백승이라는 사람을 알고 있는데 의리도 있고 무예도 뛰어납니다. 언젠가 내게 신세를 진 일이 있기 때문에 이번 일을 부탁하면 거절하지 못할 것입니다."

조개가 백승이라는 사람을 이번 계획에 가담시키자는 말을 하자, 오용이 무릎을 탁 치며 기뻐했다.

"조개 어른의 꿈이 딱 들어맞는군. 북두칠성에 별 하나가 붙었다더니 바로 안락촌의 백승이란 사람을 뜻하는 것 같소. 이번 일은 우리의 뜻대로 잘 될 것이오."

"그럼 이번 일의 근거지는 일단 백승의 집으로 삼기로 하고 어떤 방법으로 그 보물을 뺏을 것인지 말들 해 보시오."

조개의 말에 유당이 나섰다.

"그야 짐을 진 놈들을 한 놈씩 맡아 힘으로 빼앗으면 되지 않겠소?"

"글쎄……."

오용이 걱정 말라는 투로 한 마디 거들었다.

"그 문제는 내게 맡겨 주시오. 상황을 봐서 꾀를 쓰든지 힘을 쓰든지 하는 문제는 그때 가서 결정할 테니까."

"자, 그럼 오늘은 이렇게 모였으니 취하도록 마셔 보십시다."

일곱 명의 호걸들은 그 날 늦게까지 기분 좋게 술을 마시며 이야기꽃을 피웠다. 이런 일이 일어나고 있는 줄은 꿈에도 모르는 유수사 양중서는 장인의 생신에 보낼 10만 관의 보물을 봇짐 장수로 꾸민 열댓 명의 군사들에게 지게 하고 출발시켰다. 이 일의 책임을 맡은 양지는 처음부터 주변의 경계를 단단히 했다.

'유수사 어른이 맡기신 이번 일을 실수 없이 잘 해내야 할 텐데…….'

출발할 때는 무척 신경을 썼으나 갈수록 날은 점점 더워지고 군사들도 무거운 짐에 지쳐서 경계가 느슨해졌다.

"어유, 더워. 좀 쉬었다 갔으면 좋겠어."

"그러게. 이제 다리가 풀려 더 걸을 수가 없어."

군사들은 불평을 하며 더디게 걸었다. 때로는 시원한 나무 그늘만 보면 털썩 드러눕고 싶을 때가 한두 번이 아니었다.

그러나 이번 일의 책임을 맡은 양지가 그대로 놔둘 리 없었다. 호통을 치거나 들고 있던 채찍으로 사정없이 내리쳤다.

짐을 진 군사들은 양지에게 대놓고 뭐라고 하지는 못했지만, 마음속에 쌓인 불만은 날이 갈수록 더했다. 열흘이 지나가자 양지도 군사들의 사정을 알고 조금 관대하게 대해 주었다. 몹시 더운 날에는 조금씩 길가에서 쉬도록 했다.

'이러다간 제 날짜에 맞추어 도착하지 못하겠어.'

양지는 이런 생각이 들자 다시 군사들을 재촉하기 시작했다.

"어서 일어나 걷지 못해! 지금부터 꾀를 피우는 놈은 이 채찍으로 가만두지 않겠다."

군사들은 다시 지친 다리를 끌고 걷기 시작하여 황니강이라는 언덕의 고갯길에 다다랐다. 하늘에는 바람 한 점 없고, 해는 중천에 떠 뜨겁게 내리 쬐고 있었다.

"아, 목 말라. 더 이상 못 가겠어."

"나도 마찬가지야. 차라리 매를 맞는 게 낫겠어."

비틀대던 군사들은 하나 둘씩 큰 나무 그늘을 찾아 쓰러졌다. 양지는 기겁을 하고 달려와 군사들을 꾸짖었다.

"뭐 하는 짓들이냐? 이런 깊은 숲 속에서 나자빠지면 어쩌자는 게냐? 어서 일어나지 못하겠어!"

"더 이상 걸을 수가 없어요. 발에 물집이 생겨 한 걸음도 못 걷겠으니 죽이든 살리든 마음대로 하시오."

"이놈들이!"

그 때 사람들의 말소리가 어렴풋이 들려왔다. 군사들을 향해 채찍을 내리치려던 양지는 멈칫했다.

'이게 무슨 소리지? 혹시 도둑놈들이 나타난 건 아닐까?'

잔뜩 긴장한 양지는 자신이 있는 곳에서 조금 떨어진 곳으로 칼을 빼어 들고 천천히 걸어갔다. 윗옷을 벗은 7명의 장정들이 수레 옆에 앉아 이야기를 나누고 있었다. 그들 중 한 명이 양지의 모습을 발견하고 소리쳤다.

"누구시오?

"그러는 당신들은 대체 뭐 하는 사람들이오?"

장정들 중에 키가 8척쯤 되어 보이는 사나이가 나섰다.

"우리는 대추 장수로, 동경으로 장사를 가는 길이오. 이 곳에서 지친 다리를 풀며 쉬고 있는 중이라오."

그제야 양지는 마음이 놓이는 듯 칼을 칼집에 넣었다.

"옷을 보니 댁도 우리처럼 장사꾼인 것 같소. 이 근처에는 도둑들이 자주 나타난다고 하니 조심하기 바라오."

"충고 고맙소."

대추 장수들에게 가볍게 인사를 한 양지는 군사들이 쉬고 있는 곳으로 돌아왔다.

'지금은 대낮인데다가 장사꾼들이 쉬고 있으니 도둑놈들이 함부로 나타나지 않겠지. 나도 좀 쉬었다 가야겠다.'

시원한 나무 그늘에 앉아 있으니 눈이 감기며 졸음이 쏟아졌다. 얼마를 잤을까. 군사들이 떠드는 말소리에 퍼뜩 잠이 깬 양지는 주변을 둘러보았다. 언덕 아래에서 한 사나이가 어깨에 통을 메고 부지런히 올라오는 게 보였다. 군사 하나가 사나이 앞으로 다가가 궁금한 듯 물었다.

"어깨에 짊어진 게 혹시 술이 아니오?"

"맞습니다."

군사들은 마침 갈증이 심했던 참이라 술이란 소리를 듣자 너나할것 없이 군침을 꿀꺽 삼켰다.

"어디로 가지고 가는 건지 모르겠지만 우리에게 좀 파시오."

"돈만 내시면 얼마든지 드리지요."

군사들이 막 술을 사려고 할 때였다. 양지가 그들을 막으며 나섰다.

"이놈들이 정신이 있는 게냐? 감히 내 허락도 받지 않고 함부로 술을 사 먹겠다니."

"아니, 술 한잔 마시는 것까지 나리의 허락을 받아야 합니까?"

불평을 하는 군사들을 향해 양지가 대뜸 소리를 질렀다.

"멍청한 놈들! 저 술에 잠 오는 약이라도 들었으면 어쩌려고 그러느냐? 지금 우리가 맡은 일이 무언지 모른단 말이냐?"

양지가 하는 소리를 듣고 있던 술장수는 기가 막히다는 듯이 얼른 자리에서 일어났다.

"체, 나를 무슨 도둑놈들의 하수인으로 보고 있네. 그만두시오. 당신네들 아니면 술 살 사람이 없을까!"

술장수와 양지가 다투는 소리는 조금 떨어진 곳에 있는 대추 장수에게도 들려왔다. 그들은 무슨 일인가 싶어 우르르 몰려왔다.

"뭐가 이렇게 떠들썩한가 했더니 술장수가 나타났군. 목이 마르던 참에 잘됐군. 술 좀 파시오."

"싫소. 이 사람들처럼 당신들도 나를 술에 약이나 타는 나쁜 놈으로 알고 있을 텐데. 다른 곳으로 가 보겠소."

대추 장수는 떠나려는 술장수를 겨우 달래서 술을 사서 마셨다.

"아, 시원하다."

"술맛이 기가 막히군."

"자, 안주는 이 대추로 하세."

술을 들이켜는 대추 장수들을 부러운 눈으로 바라보고 있던 양지의 군사들은 침만 꼴깍꼴깍 삼키고 있었다.

"보세요. 술 마셔도 멀쩡하지 않습니까? 우리도 한 잔씩만 마시게 해 주시오."

양지도 이젠 어쩔 수가 없었다.

'같은 통에 있는 술이라면 괜찮겠지.'

곧 군사들에게 술 한 잔씩을 돌렸다. 마치 사막에서 물을 만난 듯 군사들은 숨도 쉬지 않고 벌컥벌컥 술을 들이켰다.

"나리도 한 잔 하시죠."

"나는 괜찮으니 너희들이나 마셔라."

저희들끼리만 마시는 것이 미안했던지 군사 한 명이 양지에게 술 한 잔을 들고 왔다.

"쳇, 독이 들었을까 봐 겁이 나서 그러는 사람인데, 그냥 두시죠."

술장수가 양지를 향해 빈정거렸다. 양지도 술장수를 의심했던 일이 미안했는지 군사가 내민 술을 더 이상 거절하지 못하고 쭉 들이켰다.

그런데 먼저 술을 마셨던 군사들이 하나 둘씩 바닥에 쓰러지기 시작했다. 양지는 아차 하는 생각이 들었지만 자신도 점점 정신이 몽롱해졌다.

"어서 서둘러라!"

대추 장수 중의 한 명이 지시를 내리자, 함께 온 장정들은 재빨리 숲속에 있던 수레를 끌고 나왔다. 그리고 대추를 넣은 자루를 모두 쏟아 버린 뒤, 군사들이 메고 왔던 봇짐을 수레에 모두 싣고 언덕 아래로 사라져 버렸다.

"아, 저 놈들이……."

눈으로 이 광경을 목격한 양지는 달려가 그들을 막으려 했지만 허사였다. 이미 약 기운이 온몸에 퍼져 꼼짝할 수가 없었던 것이다.

우직한 양지를 감쪽같이 속이고 달아난 대추 장수들은 바로 조개, 유당, 오용, 공손승, 원씨 3형제였고, 술장수 역할을 기막히게 한 사람은 바로 안락촌에 사는 백승이었다.

잠시 후, 마취약에서 깨어나 정신이 든 양지는 주변을 둘러보고 어이가 없었다. 군사들은 여기저기 쓰러져 있고, 채 태사에게 전하려고 했던 보물은 온데간데없었다.

'이 일을 어쩌면 좋단 말인가?'

한숨을 내쉬던 양지는 도저히 돌아가서 이 사실을 양중서에게 전할 자신이 없다는 것을 알고 발길 닿는 대로 걸었다. 어느덧 날이 저물어 양지는 한 주막집으로 들어갔다. 한쪽 탁자에 자리를 잡고 술과 안주를 시켰다.

"자네 소문 들었나?"

"무슨……."

"이룡산에 도둑 떼들이 자리를 잡고 지나가는 사람들의 재물을 빼앗는다는군."

"그래? 거 조심해야겠는걸."

옆에 있는 이 마을 사람들이 떠드는 소리가 양지에게 들렸다.

'어차피 내 신세가 이렇게 되어 마땅히 갈 만한 곳이 없으니, 이룡산의 도둑들을 찾아가 이 몸을 부탁해 보자.'

양지는 그날 밤을 주막에서 보내고 다음 날 이룡산을 향해 길을 떠났다. 산기슭에 이르니 웬 스님이 윗옷을 벗어젖힌 채 나무 그루터기에 앉아 있었다. 양지가 스님이 앉아 있는 곳을 지나치려는 순간 갑자기 호령 소리가 들려왔다.

"네놈은 누구냐?"

"어허, 웬 중놈이 지나가는 나그네에게 시비를 건단 말이냐?"

"뭐라고?"

스님이 들고 있던 선장을 휘두르자 양지도 이에 질세라 칼을 뽑아 들었다. 두 사람이 서로 맞붙어 싸운 지 수십 합이 되어도 승부가 나지 않았다. 상대방의 무예 솜씨에 마음속으로 서로 감탄했지만 싸움을 그만 둘 수는 없었다.

"그만 멈추시오!"

누군가가 그들을 향해 소리를 질렀다.

"누군지 모르지만 상관 말고 가던 길이나 가시오!"

스님은 양지의 칼을 선장으로 막아내며 나그네의 말에 대답을 했다.

"제가 보기에는 두 분 모두 무예가 훌륭하신 분들이라 도무지 승부가 날 것 같지 않습니다. 괜한 오기로 서로의 몸에 상처를 낸다면 이보다 아까운 일이 어디 있겠습니까? 이제 그만 화해를 하시지요."

나그네의 조리 있는 말에 두 사람은 싸움을 그만두었다.

"나그네는 누구시오?"

"저는 80만 금군의 창술 교관이었던 임충의 부하로 있던 조정입니다. 이렇게 훌륭하신 분들을 뵙게 되었으니, 저희 집으로 가셔서 못다 한 말씀을 나누시지요."

"그럽시다."

양지에게 화해의 손을 내민 스님은 다름 아닌 노지심이었다. 양지와 노지심은 인사를 나눈 뒤, 지난날 임충을 모시던 조정의 집으로 갔다.

"스님의 명성은 이미 잘 알고 있습니다. 동경의 대상국사에 몸을 담고 계신 것으로 알고 있는데 이 곳에는 어떻게 오게 되었는지요?"

양지는 산기슭에서 자신과 겨룬 사람이 노지심이라는 사실을 알고 궁금한 듯이 물었다.

"휴, 말씀하신 대로 대상국사에서 채소밭을 관리하고 있던 중에 금군의 교두인 임충을 구해 준 적이 있소. 고 태위가 이 사실을 알고 대상국사 주지 스님께 압력을 넣는 바람에 그만 절에서 쫓겨나는 신세가 되고 말았소. 그 뒤로 발길 닿는 대로 떠돌면서 지내던 중 소문을 듣고 이룡산 산채를 찾아가던 길이오."

"잘됐군요. 저도 이룡산을 찾아가던 중이었소."

조정이 걱정스러운 얼굴로 말했다.

"제가 알기로는 이룡산 두목은 두 분 호걸을 별로 반기지 않을것 같습니다."

"그게 무슨 소리요?"

"두 분은 이미 널리 알려져 있는 호걸들이라 이룡산 두목은 혹시라도 자신의 자리를 빼앗길까 봐 산채에 여러분들을 들어오지 못하게 할 겁니다. 제게 좋은 방법이 있기는 한데……"

노지심과 양지는 조정의 곁으로 바짝 다가앉았다.

"말씀해 주시오. 대체 좋은 방법이란 무엇이오?"

"귀 좀 대 주시오."

두 사람은 조정의 귓속말을 듣고 고개를 끄덕였다. 다음 날 아침 세 사람은 어제 세운 계획대로 힘센 장정 몇 명을 데리고 이룡산을 향해 출발했다. 산채가 가까워오자, 우선 준비해 간 밧줄로 노지심을 꽁꽁 묶었다. 그리고 나머지 사람들은 몽둥이를 하나씩 손에 들었다.

산채에 이르자, 그 곳을 지키고 있던 졸개가 앞을 가로막고 나섰다.

"웬 놈들이냐?"

"여기 이 놈을 이룡산 두목님께 바치려고 합니다."

졸개는 고개를 갸웃거리며 가까이 다가왔다.

"결박한 놈은 중놈이 아니냐?"

"저희들은 산 아래에서 술집을 하는 사람들입니다. 어제 이 놈이 술을 마시고 하는 말이, 양산박에 있는 친구들을 불러와서 이룡산을 쳐부수겠다고 장담을 했습니다. 그래서 이 놈이 술에 곯아떨어진 틈을 이용해 결박을 지어서 이룡산 두목님께 바치려고 이렇게 올라오는 길입니다."

"그래? 여기서 잠시 기다려라. 두목님께 이 사실을 알리고 올 테니."

안으로 들어간 졸개가 잠시 후 돌아와 조정 일행에게 말했다.

"두목님이 저 중놈을 데리고 오라신다."

관문 안으로 들어간 그들 앞에 이룡산 두목인 등룡이 나타났다.

"저 놈이 우리 산채를 부수겠다는 놈이냐? 건방진 놈 같으니라고. 어디 네놈이 내 손에 죽어 줘야겠다."

등룡이 칼을 빼 들자 그 때까지 가만히 있던 노지심이 온몸에 힘을 주었다. 그러자 꽁꽁 묶인 밧줄이 스르르 풀렸다. 옆에 서 있던 양지가 노지심의 선장을 재빨리 건네 주었다.

"잘 만났다. 네가 이룡산의 주인이로구나. 그 동안 한 번 만나보고 싶었는데 어디 한번 네 솜씨를 보자!"

"이놈들, 나를 속였구나!"

이룡산의 두목은 눈에 불을 켜고 노지심을 향해 칼을 날렸다. 그러나 노지심의 선장이 이를 막아 내고 곧바로 등룡의 머리를 내리쳤다.

"윽!"

등룡은 그 자리에서 죽고 말았다. 두목이 어이없게 죽는 광경을 본 졸개들은 슬금슬금 뒤로 물러섰다.

"이제부터 이 곳의 두목은 이 두 사람이다. 순순히 이를 받아들인다면 너희들은 다치지 않을 것이니 걱정하지 마라."

조정이 앞에 나서서 졸개들에게 항복을 권했다. 이제 이룡산의 새 주인은 노지심과 양지가 되었다.

양산박의 새 주인

한편, 채 태사의 생신 선물이 도중에서 없어진 사실이 알려지자 제주 관가는 난리가 났다.

"동경으로 향하던 금은보화가 황니강 언덕길에서 없어졌으니 어서 근처에 사람을 풀어 범인을 잡아들여라!"

이 일을 실행한 여덟 사람 중 백승이 가장 먼저 의심의 화살을 받았다. 열병에 걸려 꼼짝도 못하고 집에 누워 있는 그를 제주 관가에서 붙잡아들였다. 그리고는 백승의 집에 포졸을 풀어 샅샅이 뒤지게 했다.

"여기 웬 보따리가 있습니다."

포졸 하나가 백승의 집 마루 밑에서 금덩어리가 든 보따리를 찾아내고 말았다. 그것들은 곧 관가로 전달되었고 이를 본 부윤은 불같이 화를 내며 말했다.

"자, 이래도 네가 한 짓이 아니라고 잡아뗄 셈이냐?"

백승은 자신의 집에서 발견된 금덩이를 보고 할 말을 잃었다.

"네놈의 목이 열 개가 아니라면, 어서 함께 일을 저지른 놈들을 낱낱이 대라!"

"……."

그러나 백승은 입을 꾹 다문 채 대답을 하지 않았다. 부윤은 형리들에게 백승이 자백을 할 때까지 매질을 하라고 지시를 내렸다.

"윽! 나 혼자 한 짓이다."

살이 터지고 피가 여기저기서 튀는 고통 속에서도 백승은 끝내 입을 열지 않았다.

"네놈 주변에 이만한 일을 할 사람은 동계촌 조개밖에 없을 것이다. 내 말이 맞느냐?"

"아니오!"

"지독한 놈. 여봐라! 가서 저놈의 가족들을 끌고 오너라."

곧 포졸들이, 결박된 채 끌려온 백승의 가족들을 형틀에 단단히 묶었다.

"제발 가족들은 그냥 보내 주시오."

"가족들을 살리고 싶다면 내 말에 대답해라. 조개가 시킨 짓이 틀림없으렷다?"

백승은 눈물을 흘리며 힘없이 고개를 끄덕였다.

"잘 생각했다. 내 생각이 맞았군."

부윤은 그길로 포졸 20여 명을 운성현 동계촌으로 급히 보내 조개를 잡아 오라고 명령을 내렸다. 포졸들이 운성현에 도착했을 때는 점심 무

렵이었다. 마침 지사도 식사를 하러 나가 자리를 비웠고, 관인들도 보이지 않았다.

　"이거 참 곤란하게 됐군. 급한 일이라 서둘러 가야 하는데 현청에 일을 봐 줄 관인이 자리에 없으니 말이야."

　그 때 현청에서 마당을 쓸고 있던 하인이 손가락으로 가리키며 말했다.

　"저분에게 여쭤 보세요. 오늘 당번을 맡은 서기 송강 어른입니다."

　하인이 가리킨 관인은 검은 얼굴에 키가 작은 사람으로, 의리를 중하게 여기며 어려운 사람들을 만나면 도움을 주곤 하여, 사람들에게 때맞추어 오는 단비라는 뜻의 '급시우'로 불리고 있었다.

　"무슨 일이십니까?"

　송강은 한 떼의 포졸들에게 정중히 물었다.

"제주 관하에서 도둑 떼들이 엄청난 보물을 훔쳐 간 사건이 일어났습니다. 범인들 중 백승이라는 놈을 붙잡아 문초한 결과, 이 곳 운성현에 있는 조개가 꾸민 짓이라는 것이 드러났습니다. 그래서 이 곳 현청의 도움을 받아 조개를 체포하려고 급히 오는 길입니다."

포졸의 설명을 들은 송강은 깜짝 놀랐다.

'이거 큰일났군. 조개 어른이 궁지에 몰렸군.'

송강은 우선 시간을 벌기 위해 포졸들을 안심시켰다.

"운성현에서도 조개란 놈이 늘 걱정거리였는데 큰일을 저지르고야 말았군요. 혹시라도 이 일이 그의 귀에 들어가서 도망가는 일이 생기면 안 되니, 우선 제가 말씀드리는 숙소로 돌아가셔서 기다리십시오."

포졸들이 숙소로 돌아가는 것을 확인한 송강은 잽싸게 이 일을 조개에게 알렸다.

"백승이 결국 잡히고 말았군. 이제 어떡하면 좋겠소?"

마침 조개의 집에 모여 술을 마시던 터라 오용과 공손승, 유당도 이 사실을 알게 되었다.

"우선 원씨 형제가 있는 석갈촌으로 가서 그들을 데리고 가까운 양산박으로 들어갑시다. 그 곳은 지형도 험해서 몸을 숨기기엔 더없이 좋은 곳이오."

"양산박 두령들이 우리를 받아 줄까요?"

"걱정하지 마시오. 우리에겐 보물이 넘치도록 있지 않소? 그들도 그것을 보면 우리를 거절하진 못할 것이오."

오용의 말에 조개는 한편으론 안심이 됐다.

"그럼 먼저 유당과 오용 선생이 먼저 떠나시오. 나는 공손 선생과 이 곳을 대충 정리한 뒤 뒤를 따라가겠소."

조개는 지시를 내린 뒤, 송강을 향해 고마움을 표시했다.

"자네의 은혜는 잊지 않겠네."

"이렇게 꾸물거리고 있을 때가 아닙니다. 어서 떠날 채비를 서두르세요. 저는 다시 현청으로 돌아가 여러분들을 위해 좀더 시간을 벌어보겠습니다."

다시 현청으로 돌아온 서기 송강은 지사에게 제주부 포졸들의 이야기를 전했다.

"우리 쪽에서도 조개를 잡도록 도와야겠군."

"제 생각은 날이 저물 때까지 기다리는 게 좋을 것 같습니다. 마음을 놓고 있는 사이 쳐들어가면 꼼짝 못할 테니까요."

"그럼 주동과 뇌횡에게 그렇게 이르도록 하시오."

이윽고 날이 저물어 조개의 집으로 관군들이 들이닥치자, 미처 짐을 꾸리지 못한 조개는 하인들을 시켜 불을 질렀다.

"놈들이 아직 집 안에 있다. 겁먹지 말고 집을 부숴라!"

제주부 포졸들을 도우러 함께 온 뇌횡과 주동은, 조개와의 그 동안의 친분을 생각해서 도망가게 도와주고 싶었다.

주동은 이 곳 지리에 어두운 제주부 포졸들을 일부러 조개가 도망친 방향과 다른 곳으로 유인했다.

"저쪽이다! 조개 일행이 저리로 도망간다!"

날은 어둡고 불길에 관군들이 갈팡질팡하는 사이에 조개 일행은 사라지고 말았다. 다음 날, 약이 바짝 오른 제주부 포졸들은 사람을 풀어 조개의 행방을 뒤쫓았다.

"석갈촌에 있는 원씨 형제의 집으로 갔다는 정보가 들어왔습니다."

"지원군을 더 요청하여 그리로 쳐들어가자."

백여 척의 관군의 배가 석갈촌을 향했다. 이렇게 되자, 이 곳 사정과 물길을 훤히 아는 원씨 3형제의 도움을 받아 공손승이 나섰다.

"부정한 재물을 우리가 다시 백성들에게 나누어 주려고 하는데 그게 뭐가 잘못 됐느냐? 지금이라도 잘못을 깨닫고 돌아간다면 너희들을 용서해 주겠지만, 그렇지 않으면 내 도술로 너희들을 혼내 주겠다."

"허, 도둑놈 주제에 뭐라고 떠들고 있느냐? 자, 저 놈들을 당장 붙잡 아 오너라!"

제주부 포졸의 대장 하도가 손을 들어 공격 명령을 내렸다.

"미련한 놈들."

공손승은 손을 모으고 조용히 주문을 외웠다. 그러자 갑자기 세찬 바 람이 일어나며 관군들의 탄 배가 이리저리 흔들렸다.

"어이쿠!"

"배가 가라앉는다. 어서 탈출하자!"

관군들이 아우성을 치며 우왕좌왕하는 사이 갈대숲에서 불이 붙은 배 들이 관군을 향해 미끄러져 내려왔다. 결국 관군들은 물에 빠져 죽거나 배에 불이 붙어 대부분 죽고 말았다.

조개 일행은 관군과의 싸움을 끝내고 석갈촌을 떠나 양산박으로 향했 다. 곧 주귀의 술집에 도착한 그들이 전후 사정을 이야기하자, 양산박 두령들이 모인 산채로 안내되었다.

"우리 일행이 이 곳을 찾은 이유는 주귀를 통해서 들으셨을 줄 압니 다. 부디 우리들이 이 곳에 머물 수 있도록 허락해 주십시오."

"먼 길을 오시느라 고생하셨습니다. 우선 자리를 잡고 앉아 마련한 술과 음식을 좀 드십시오."

"이렇게 환영을 해 주시니 몸둘 바를 모르겠습니다."

산채에서는 조개 일행이 온다는 소식을 듣고 미리 소와 돼지들을 잡 아 푸짐한 잔칫상을 마련해 두었다. 한쪽에는 양산박의 두령인 왕륜, 두 천, 송만, 임충 네 사람이 자리를 잡고 앉고, 맞은편에는 조개 일행이 자리를 잡았다.

"그럼 오늘은 객실로 가셔서 편히 쉬십시오."

첫째 두령 왕륜은 밤이 깊자 조개 일행을 관문 밖 객실에서 쉴 수 있도록 거처를 마련해 주었다.

"이제 한시름 놓았군요. 왕륜이 우리를 거절하면 어쩌나 했는데 이렇게 잔치를 열고 잘 맞아 주니 말이오."

"글쎄요."

조개의 말에 오용이 씁쓰레하게 대답했다.

"내 말이 틀렸나요?"

"아직 안심하기엔 이르다는 생각이 드는군요. 왕륜이 우리를 당장 내친 것은 아니지만, 그렇다고 이 곳에 있도록 허락한 것도 아닙니다. 조개 어른이 양산박에 있을 뜻을 내비치자 왕륜의 안색이 언짢게 바뀌는 것을 보았소."

"오용 선생, 그게 정말이오?"

걱정스런 조개의 물음에 오용은 고개를 끄덕였다.

"우리를 받아들이려고 작정을 했다면 왕륜은 그 자리에서 바로 양산박의 서열을 정했을 것이오."

"흠, 그렇다면 이제 어디로 가야 한단 말이오?"

다른 호걸들도 걱정되는 눈치였다. 그러자 오용이 그들을 위로하는 말을 덧붙였다.

"이 곳 세 두령들은 별로 인물이 되지 못하지만, 넷째 두령인 임충은 그들과 좀 다른 것 같습니다. 임충 역시 왕륜을 진심으로 섬기고 있지 않는 눈치이니 아마 우리에게 무슨 연락이 올지도 모르겠군요."

"오용 선생은 벌써 양산박의 흐름을 다 알고 계시는군요."

다음 날, 오용의 짐작대로 양산박의 넷째 두령인 임충이 조개 일행을 찾아왔다.

"어제 여러분들을 뵈었지만 인사를 제대로 하지 못해 이렇게 찾아왔습니다. 아시는지 모르겠지만 왕륜은 여러분들을 진심으로 반기지 않습니다. 여러 호걸들로 인해 행여나 자신의 위치가 흔들릴지 모른다는 걱정 때문입니다."

임충의 말에 조개가 나서서 고마움을 표시했다.

"직접 찾아오셔서 저희들을 걱정해 주니 참으로 고마울 따름입니다. 그 말씀이 사실이라면 저희들이 이 곳을 떠나는 수밖에 없겠군요."

"아닙니다. 사실 아침 일찍 이 곳을 찾은 진짜 이유는 다른 데 있습니다. 혹시 여러분들이 왕륜의 속마음을 눈치채고 다른 곳으로 가 버릴까 봐 걱정하는 마음에서입니다. 저를 믿는다면 이번 일은 제게 맡겨 주십시오."

임충은 할말을 마친 뒤 자신의 숙소로 돌아갔다. 그리고 나서 얼마 안 있어, 첫째 두령 왕륜이 사람을 보내 그들을 불렀다.

"어떡할까요?"

"일단 참석하겠다고 하십시오. 어차피 미룬다고 될 일이 아니니 직접 부딪쳐 보는 수밖에 없습니다. 그리고 임충이 우리를 돕고 있으니 안심해도 될 겁니다."

오용의 말을 들은 조개는 곧 가겠다고 하인에게 일렀다.

"혹시 무슨 일이 일어날는지 모르니, 옷 속에 무기 하나쯤은 준비해 두시는 게 좋을 겁니다."

"안 그래도 이미 준비해 두었소."

취의정 넓은 곳에 그들이 도착하니 벌써 양산박 두령들이 와 있었다.

"어서들 오시오. 간밤엔 편히 주무셨습니까?"

"예, 덕분에 잘 쉬었습니다."

"얘들아, 음식을 내오너라."

졸개들이 향기롭고 진귀한 음식을 하나씩 차려 내왔다. 마침 시장한 참이라 조개 일행은 서둘러 먹어댔다. 왕륜이 그들에게 술을 한 잔씩 권했다. 분위기가 무르익을 무렵, 왕륜은 시중을 들던 졸개에게 뭐라 귓속말을 했다.

"예, 다녀오겠습니다."

지시를 받은 졸개는 잠시 자리를 비웠다. 그 졸개는 큰 금덩어리 몇 개를 들고 나타났다.

"작은 성의로 알고 이 물건을 받아 주시오. 이제야 말씀드리지만 사실 양산박은 좁은 곳이라, 조개 어른을 비롯한 여러 호걸들을 모실 수 있을 만한 곳이 못 됩니다. 더 큰 곳을 찾아 뜻을 펼치시기 바랍니다."

"허, 이거 참……."

예측은 하고 있었지만 왕륜에게서 이런 이야기를 듣자 조개는 참으로 난감했다. 이 때, 왕륜의 옆에 있던 임충이 자리를 박차고 일어났다.

"더 이상 도저히 못 참겠다. 예전에 내가 이 곳을 찾았을 때도 마지못해 나를 받아들이더니, 이젠 아예 내놓고 저 사람들을 나가라고 하다니. 우리를 믿고 찾아온 천하의 호걸들을 왜 거절하느냐?"

"이러지들 마시오. 우리 때문에 여러분들이 의가 상해서는 안 되오. 왕륜 두령의 말대로 이 곳을 곧 떠나겠소."

오용이 화가 잔뜩 난 임충의 소매를 끌어당겼다. 갑작스런 임충의 반항에 첫째 두령 왕륜은 어이가 없었다.

"오갈 데 없는 놈을 거두어 주었더니 지금 뭐라고 떠드는 게냐? 무릇 머리 검은 짐승은 거두지 말라는 옛말이 틀림이 없구나."

"너야말로 양산박의 주인이 될 자격이 없는 속 좁은 자라는 것을 모르느냐?"

"뭐야!"

임충과 왕륜은 두 눈을 부릅뜨고 서로를 노려봤다. 조개 일행이 어쩔 줄을 모르고 민망해하자, 왕륜이 화를 누르며 그들에게 말했다.

"이거 손님을 모신 자리에서 소란을 떨었군요. 다시 자리에 앉으셔서 드시던 술을 마저 드시지요."

그러나 임충은 분이 풀리지 않는지 술상을 밀고 칼을 빼 들었다. 오용은 이를 좋은 기회라고 생각했다.

'이왕 일이 이렇게 됐으니 임충을 돕는 수밖에 없다.'

여섯 호걸은 오용이 지시를 내리기만 기다렸다. 드디어 오용이 마음의 결정을 하고 자신의 수염을 쓰다듬었다. 원씨 형제는 이것을 신호로 각각 두천, 송만, 주귀에게 달려들어 꼼짝 못하게 만들었다.

"이 때를 기다렸다. 양산박의 주인은 호걸 중의 호걸이 돼야 한다. 한낱 도둑놈에 불과한 어리석은 놈!"

임충은 곧 왕륜에게 칼을 꽂았다. 포로로 잡힌 세 사람과 양산박의 졸개들은 이것을 보고 벌벌 떨었다.

"자, 앞으로 양산박의 새로운 주인은 임 두령이다. 이를 따르지 않는 자는 가차없이 죽음을 당하게 될 것이다!"

오용이 임충을 첫째 두령으로 내세웠다. 그러나 임충은 손을 내저으며 거절했다.

"아닙니다. 저는 양산박의 주인 자리가 탐이 나서 왕륜을 죽인 것이 아닙니다. 양산박의 새로운 주인은 의리를 중히 알고 부하들에게 너그럽고 지혜와 용기가 있는 호걸이어야 합니다."

"누구를 말씀하시는 겁니까?"

"바로 조개 어른이오."

임충의 추천을 받은 조개는 낯을 붉히며 사양을 했다.

"전 그런 인물이 못 됩니다."

"그렇지 않습니다. 여기 있는 사람들 모두 조개 어른이 이 곳을 맡아 다스려 주기를 간절히 원하고 있습니다."

"맞습니다. 그렇게 하십시오."

임충과 여섯 호걸들이 한데 입을 모아 조개가 양산박의 첫째 두령 자리에 앉아 줄 것을 권했다. 몇 번의 거절 끝에 결국 조개도 승낙을 하게 되었다. 그런데 이번엔 둘째 두령의 자리를 놓고 승강이가 벌어졌다.

"그럼 임 두령이 둘째 두령의 자리를 맡아 주시오."

"아닙니다. 둘째 두령은 오용 선생이 맡고, 셋째 두령은 공손승 선생이 맡으셔야 하고, 넷째 두령은 유당……."

임충은 여섯 호걸들에게 차례로 두령 자리를 내놓았다. 하지만 조개를 비롯한 여섯 호걸들은 임충의 거절에도 불구하고 넷째 두령의 자리에 임충을 앉혔다. 그 뒤로 유당이 다섯째 두령이 되고, 원씨 3형제가 그 뒤를 이었다.

"원래 양산박의 둘째, 셋째 두령이었던 두천과 송만, 그리고 주귀가 항복을 해왔으니 그들에게도 원씨 형제에 이어 서열을 주도록 합시다."

"좋소!"

"양산박의 새로운 두령을 위하여 건배합시다."

조개를 비롯한 호걸들은 잔을 높이 들어 술잔을 부딪쳤다.

"우리가 황니강에서 얻은 보물은 이 곳 산채에 있는 모든 사람들에게 골고루 나누어 줄 것이다. 자, 오늘은 마음껏 마시고 즐겨라!"

"조개 두령 만세!"

며칠 동안의 흥겨운 잔치를 치른 그들에게 조개가 새로운 지시를 내

렸다.

"그 동안 풀어졌던 마음을 가다듬고 내일부터는 힘든 훈련을 시작하도록 하겠다. 각오들 하도록!"

수륙 양군으로 나누어 훈련이 시작되면서 양산박은 왕륜이 있을 때와는 다른 모습으로 변해 갔다.

"큰일났습니다."

어느 날, 정찰을 내보냈던 졸개 한 명이 산채로 헐레벌떡 뛰어들었다.

"무슨 일이냐?"

"제주부에서 관군 수천 명이 5백 척 정도의 배를 이끌고 석갈촌 언덕에 나타났다고 합니다."

조개는 급히 여러 두령들을 모아 대책을 의논했다.

"걱정 마십시오. 이번 일은 제가 알아서 계책을 준비하겠습니다."

오용은 곧 원씨 3형제를 불러 지시를 내렸다. 제주부에서는 조개 일행을 놓친 뒤로 속을 앓아 왔는데, 양산박의 새 주인이 된 그들의 세력이 점점 커져 가자 관군을 파견하여 아예 뿌리를 뽑을 작정이었다.

황안을 대장으로 한 관군은 금사탄에 진을 치고 양산박을 공격할 태세를 갖추었다.

"저기 웬 배들이냐?"

황안이 손을 들어 가리킨 곳에는 3척의 배에 각각 나누어 탄 원씨 3형제가 붉은 수건을 머리에 두르고 손에는 갈퀴를 들고 있었다.

"양산박의 원씨 3형제가 틀림없습니다."

"그거 잘됐군. 제 발로 무덤을 찾아드니 말이야."

곧 황안의 지시를 받은 관군의 배가 원씨 3형제의 배를 뒤쫓았다. 한참이 지난 뒤, 군졸 한 명이 급히 달려왔다.

"헉헉, 정신없이 원씨 3형제의 뒤를 쫓던 우리 배들이, 잠복해 있던 적의 졸개들에게 공격을 당해 거의 모든 배들이 침몰당했습니다."

"뭐라고!"

관군들은 이미 정렬을 벗어나 사방으로 흩어진 상태였다. 이 때, 황안이 타고 있던 배 주변으로 함성이 일어났다.

"이게 무슨 소리냐?"

"어서 피하십시오. 양산박의 졸개들이 이리로 몰려오고 있습니다."

급히 배를 돌리려던 황안의 배를 향해 갈고리가 날아왔다.

"이놈! 어디로 도망가려는 게냐?"

큰 소리를 지르며 나타난 사람은 양산박의 두령이 된 유당이었다. 황안은 칼 한 번 휘둘러보지 못하고 아차 하는 순간에 유당에게 결박을 당하고 말았다.

"하하하, 이번 싸움에서 보기 좋게 이기고 관군의 대장까지 사로잡아 오다니 여러분들 수고가 많았소."

조개는 몹시 흡족했다. 곧 소와 돼지를 잡고 잔치를 열어 유당을 비롯한 두령들에게 술을 권하며 즐겼다.

"우리가 이 곳에 자리를 잡는 데 도움을 준 송강이 생각이 나는군. 그의 도움이 없었더라면 오늘처럼 좋은 날도 없었을 거요."

"두령님의 말씀이 옳습니다. 은혜를 입고 갚지 않는다면 사람 된 도리가 아니죠. 송강에게 사람을 보내 보답을 하기로 합시다."

"역시 자네들답군. 우리가 잊지 말아야 할 사람이 더 있네. 황니강 언덕길에서 우리와 뜻을 같이했던 백승은 아직 옥에 갇혀 있는 신세가 아닌가? 하루빨리 그를 구해 내도록 해야 할 텐데……."

호랑이를 잡은 무송

이 즈음 제주부에서는 부윤이 새로 바뀌었다.

'사방에서 도둑들이 들끓고 있으니 경비를 철저히 하도록 하라!'

이 공문은 곧 운성현으로 내려왔다.

송강은 호걸들이 나라를 위해 몸을 바치지 않고 도적들의 소굴에 가담할 수밖에 없는 시대 상황이 안타까웠다.

'어디 가서 술이나 한잔 해야겠다.'

송강이 주막을 찾아 거리를 걷고 있는데, 누군가가 자신을 부르는 소리가 들렸다.

"혹시 송강이 아니오?"

뒤를 돌아본 송강은 고개를 갸웃거렸다.

"댁이 나를 불렀소?"

"그렇소. 드릴 말씀이 있는데 시간 좀 내 주시겠습니까?"

키가 큰 사나이는 공손하게 고개를 숙이며 부탁을 했다. 두 사람은 근처 술집을 찾아 조용한 방으로 들어갔다. 사나이는 그제야 안심이 되는지 등에 짊어진 보따리를 풀고 편히 앉았다.

"누구신데 나를 보자고 하는 거요?"

"저는 유당이라고 합니다. 조개 어른의 집에 머물러 있다가 당신의 도움으로 목숨을 건졌습니다."

"아, 이제야 생각이 나는군. 그런데 이 곳엔 웬일이오?"

송강은 반가운 마음에 그간의 사정을 물었다.

"조개 어른의 집에서 급히 달아난 뒤로 관군에게 쫓기면서 위태로웠으나, 지금은 양산박에 자리를 잡고 잘 지내고 있습니다."

"조개 어른과 함께 간 사람들도 잘 있나요?"

"물론입니다. 양산박의 첫째 두령이 된 조개 어른 밑으로 오용 선생과 공손승이 졸개들을 훈련시키는 병권을 잡았으며, 나머지 호걸들도 서열을 정해서 맡은 일을 해 나가고 있습니다."

그간의 이야기를 대충 마친 유당은 보따리에서 편지 한 통과 금 백 냥을 꺼내 송강 앞으로 내밀었다.

"이 모든 게 송 서기님의 은혜입니다. 여기 조개 어른이 보내신 편지와 선물을 받아 주십시오."

"잊지 않고 이렇게 찾아 주신 것만도 고마울 따름입니다. 이 편지는 받겠지만 금은 받을 수 없소."

송강은 금 백 냥이 담긴 보자기를 도로 내밀었다.

"부디 조그만 성의로 알고 사양하지 마십시오."

"아닙니다. 대가를 바라고 한 일이 아닌데 이러시면 곤란합니다. 저보다 양산박 산채에서 긴하게 쓰실 데가 있을 테니 가져가십시오."

유당은 하는 수 없이 금을 다시 보따리에 집어넣었다.

"저를 찾아오신 손님을 집으로 모셔야 하는 것이 예의지만 주변의 감시 때문에 그럴 수가 없어 안타깝군요. 그럼 양산박으로 돌아가거든 조개 어른과 여러 호걸들에게 안부나 잘 전해 주십시오."

"꼭 다음에 뵙기를 바라겠습니다."

두 사람은 인사를 나눈 뒤 헤어졌다. 송강은 유당이 건네준 편지를 품속에 간직한 채 술집을 나왔다. 그런데 부지런히 집을 향해 가고 있던 송강의 어깨를 치는 사람이 있었다.

"아니, 이게 누구야?"

송강을 무척 반가워하는 사람은 염파석이란 여인의 어머니인 염씨 할멈이었다.

"무정한 사람 같으니라고. 그 동안 어째서 연락 한 번 없었소? 내 딸이 얼마나 목이 빠져라 기다렸는데. 마침 이렇게 만났으니 우리 집으로 갑시다."

"그 동안 무척 바빴소."

오늘 우연히 만난 염씨 할멈과 그의 딸 염파석은 동경에서 운성현으로 온 뒤로 곤란한 지경에 있었다. 그러다 송강의 도움을 받게 되고, 그 뒤로 송강과 염파석은 자주 만나는 사이가 되었다. 그러나 염파석은 본래 행실이 단정치 못해 여러 남자와 사귀었고, 나중에 이런 사실을 안 송강은 그 뒤로 염씨 할멈의 집에 발길을 끊었다.

송강은 길에서 만난 염씨 할멈이 하도 권하는 바람에 하는 수 없이 그리로 발길을 돌렸다. 송강을 본 염파석은 애교를 부리며 반갑게 맞아주었다.

"왜 그 동안 발길을 뚝 끊었어요? 오늘은 이렇게 오셨으니 마음껏 드시고 노시다 가세요."

염파석은 마침 돈이 떨어져 궁하던 차에 잘됐다고 생각하고 송강에게 취하도록 술을 권했다. 송강은 그녀가 권하는 술을 마다하지 않고 받아 마셨다. 결국 그는 술을 이기지 못하고 곯아떨어져 잠이 들었다.

염파석은 송강이 깊이 잠든 것을 확인하고 어머니 염씨 할멈을 불렀다. 곧 염씨 할멈이 송강이 잠든 방으로 들어왔다.

"어서 저놈의 주머니를 뒤져 봐라. 분명 돈이 두둑이 들었을 게다."

"아이, 좋아라."

염씨 할멈과 염파석은 송강의 옷을 뒤져 편지 한 장과 얼마 안 되는 돈을 찾아냈다.

"쳇, 이게 뭐야? 편지 한 장과 은전 몇 닢뿐이잖아."

"그럴 리가? 누구를 만나고 돌아오던 길이었던 것 같은데. 송강이 서기직에 있기 때문에 뇌물이 쏠쏠히 들어올 텐데."

실망한 염파석을 향해 염씨 할멈은 고개를 갸우뚱거렸다.

"그 편지를 한번 열어 봐라. 무슨 중요한 내용이 있을지도 몰라."

염파석은 어머니의 말대로 편지를 꺼내 읽어 보았다. 편지를 읽어 내려가던 그녀의 표정이 순간 환해졌다.

"어머니, 우리도 팔자가 펴이려나 봐요!"

"왜 무슨 보물 지도라도 들었니?"

"호호호, 보물 지도요? 그게 아니라 이 편지는 양산박의 두령이 송강에게 감사의 내용을 담은 거예요. 그리고 은혜에 대한 보답으로 황금을 함께 보낸다고 적혀 있어요."

그제야 염씨 할멈의 표정이 밝아졌다.

"그거 잘됐구나. 이 편지를 미끼로 해서 송강에게 관가에 고해 바치겠다고 협박을 하면 분명 황금덩이를 내놓지 않고는 못 배길 게다."

"어머, 제 생각과 어쩌면 그렇게 똑같을까?"

두 사람은 손뼉을 치며 좋아했다. 염파석은 편지를 얼른 자신의 몸속에 감추어 두었다. 얼마를 잤는지 송강은 목이 말라 잠에서 깼다.

"물 좀……."

자리에서 벌떡 일어난 그는 주변을 두리번거렸다.

'여기가 어디지? 아, 그렇지. 염씨 할멈을 따라왔었지. 그런데 다 어디로 간 걸까?'

송강은 술값을 치르고 집으로 가야겠다고 생각하고 주머니를 뒤졌다.

"이런? 돈이 한 푼도 없네. 게다가 유당이 전해 준 편지도 없어졌네."

다시 한 번 자신의 옷을 샅샅이 뒤져보았지만 중요한 편지는 보이지 않았다.

'이거 큰일이로군. 길에다 편지를 흘린 것 같지는 않은데. 만일 그 편지가 사람들 눈에 띄는 날엔 내 목숨이 온전치 못할 텐데. 혹시…….'

송강은 염씨 할멈과 딸 염파석이 의심스러웠다. 문을 열고 옆방으로 가서 조용히 문을 열어 보았다. 염파석이 세상 모르게 잠들어 있었다.

"좀 일어나 보게."

"아아, 졸려. 아니, 송강 어른 아니세요?"

염파석은 아직 잠이 안 깼는지 두 눈을 비볐다.

"물어 볼 말이 있소. 혹시 내 품속에 있던 편지를 보지 못했소?"

"편지라니요?"

다급한 송강의 물음에 염파석은 짐짓 아무것도 모르는 체했다.

"어제 이 곳에서 술을 마실 때까지도 분명 편지가 내 옷 속에 있었는데, 잠에서 깨어 보니 없어졌단 말이야. 장난치는 거라면 이제 그만 돌려 주시오."

"이 양반이 술이 덜 깼나? 없는 편지는 왜 내놓으라는 거야?"

"어서 내놓지 못하겠어!"

점점 더 염파석의 짓이라는 확신이 서자 송강은 소리를 버럭 질렀다.

"어머, 이제 협박까지 하시네. 우리 모녀를 우습게 보는 모양인데, 자꾸 이러시면 관가에 고발하겠어요."

"뭐라고?"

송강은 방을 나가려는 염파석을 붙들었다. 그렇게 실랑이를 벌이는 통에 염파석이 숨겨 두었던 편지가 방바닥에 툭 떨어졌다.

"이게 뭐야?"

송강이 놀라는 사이 염파석은 재빨리 떨어진 편지를 주워들었다.

"역시 네가 내 편지를 훔쳤군. 어서 이리 내놓지 못해!"

"흥, 줄 수 없어요. 이 편지를 가져가려거든 황금 백 냥을 당장 내놓아요. 그렇지 않으면 양산박에서 온 이 편지를 관가로 가져갈 테니."

"네년이 단단히 작정을 한 모양이로구나."

뜻하지 않은 일에 송강은 난처했다. 염파석은 나이는 어리지만 술집을 하는 여인이라 사람 다루는 솜씨가 보통이 아니었다.

"사실대로 이야기하는데, 편지만 받고 황금은 받을 수가 없어 그대로 돌려보냈다. 나중에 사람을 보내 돈을 좀 보내 줄 테니 그만 편지를 내놓아라."

송강은 마음을 가라앉히고 좋은 말로 염파석을 타일렀다.

"누가 그 말을 믿을 줄 알아요? 세상에 어느 누가 거저 주는 돈을 받지 않고 되돌려 준단 말이에요? 내게 돈을 내놓지 않으려고 그런 거짓말을 하다니."

"정말이라니까."

염파석은 도로 주운 편지를 꼭 쥐고 방을 뛰쳐나가려 했다.

"이리 안 내놔!"

"사람 살려요! 송강이 나를 죽이려 해요!"

송강은 도망치는 염파석을 붙잡자, 그녀는 더욱 반항을 하고 소리를 마구 질러댔다. 덜컥 겁이 난 송강은 그녀의 입을 손으로 틀어막았다. 위층에서 염씨 할멈이 계단을 내려오는 소리가 들려왔다.

"으으으……."

송강에게 입이 막힌 염파석은 숨이 막혀 그만 죽고 말았다.

'아, 내가 사람을 죽였다!'

멍하니 앉아 있던 송강의 눈에 염파석이 쥐고 있는 편지가 보였다.

'어서 여기를 떠나야 해.'

정신이 번쩍 든 송강이 편지를 들고 방문을 막 열어젖히려던 바로 그때 염씨 할멈이 방 안으로 들어섰다.

"아니, 네놈이 내 딸을……."

염씨 할멈은 눈이 뒤집혀 소리소리 질렀다.

"송강이 내 딸을 죽였다!"

곧 이 집 저 집에서 사람들이 몰려들기 시작했다. 그러나 그 곳 마을 사람들은 염씨 할멈의 말을 곧이듣지 않았다.

"설마 송강 어른이 살인을 했을라고?"

"맞아, 저 할멈이 정신이 돈 게야."

송강의 인품을 잘 알고 있는 사람들은 그를 살인범으로 붙잡으려 하지 않았다. 사람들 틈을 자연스럽게 빠져 나간 송강은 운성현을 떠날 결심을 했다.

'이제 어디로 가지? 그래, 창주에 사는 소선풍 시진은 호걸들을 후하게 대접해 준다고 하니 그리로 가자.'

며칠 뒤 송강은 시진의 집에 도착했다. 대문을 두드리자 안에서 하인이 얼굴을 내밀었다.

"누구를 찾으시오?"

"여기가 소선풍 시진 어른의 집이 맞소?"

"예."

"운성현에 사는 송강이 시진 어른을 뵙고 드릴 말씀이 있다고 전해 주시오."

하인은 문을 닫고 안으로 들어가 아뢰었다.

잠시 후, 송강은 시진과 술상을 마주하고 앉았다.

"무척 피곤해 보이는데 우선 음식을 좀 드시지요."

시진은 송강에게 음식을 권하며 친절히 대해 주었다.

"저는 운성현에 몸 담고 있던 관리로 뜻하지 않게 술집 여인을 죽이고 갈 곳이 마땅치 않아 이리로 오는 길입니다."

"그런 일이 있었군요. 잘 오셨습니다. 여기 저의 집에서 마음 푹 놓고 지내십시오."

시진은 송강을 잘 대접한 뒤 새 옷을 주고 묵을 방을 안내해 주었다.

다음 날, 시진은 송강에게 낯선 사나이를 소개해 주었다.

"서로 인사 나누시지요. 이쪽은 청하현에 계시던 무송이라는 분입니다. 거의 2년이 넘게 저의 집에 있다가 오늘 고향으로 돌아가신다기에, 섭섭한 마음에 이렇게 자리를 마련했습니다. 그리고 이분은 운성현의 관리 송강 어른입니다."

"무송이라면 별호가 무시랑이 아니신지요?"

"맞습니다. 저도 송강 어른의 명성을 익히 들었는데, 이렇게 만나뵙게 되니 더없이 기쁩니다."

처음 본 두 사람이었지만 이야기를 나누는 동안 뜻이 비슷하다는 것을 알고 그 자리에서 의형제를 맺었다. 잠시 후, 무송과 송강은 아쉬운 마음을 뒤로 한 채 작별 인사를 나누었다. 시진 역시 문 밖까지 따라 나가 배웅을 해 주었다.

어깨에 보따리를 둘러멘 무송은 고향을 향해 부지런히 걸음을 옮겼다. 며칠이 흘러 무송은 양곡현이라는 마을에 이르렀다.

"휴, 배도 고프고 목도 마르니 좀 쉬었다 가야겠군."

마침 근처에 주막집이 눈에 띄었다. 주막집 앞에는 뭐라고 쓴 깃발이 세워져 있었다.

"술이 세 사발이면 아무리 힘센 장사라도 고개를 넘지 못한다고? 이거 참, 무슨 소린지 모르겠군."

주막집 안으로 들어간 무송은 국밥 한 그릇과 술을 시켰다. 시장한 김에 국밥을 금방 먹어치우고 입가심으로 술을 한 잔 벌컥대며 마셨다.

"아, 시원하다. 주인장, 술 좀 더 가져오시오."

주막집 주인은 무송이 원하는 대로 술 석 잔을 더 가져다 주었다. 그리고는 더 이상 술을 내오지 않았다.

"이제 그만 드시지요. 우리 집 술이 워낙 독주라 석 잔 이상 마시면 걸을 수가 없습니다."

"거참, 걱정도 팔자네. 나는 술통을 들이켜도 아무 탈이 없는 사람이니 잔말 말고 어서 술을 가져오시오."

막무가내인 무송에게 당해 낼 재간이 없는 주인은 하는 수 없이 그가 원하는 대로 술을 내주었다.

"어, 이제 좀 취기가 오르는군. 주인장, 여기 술값 계산을 해 주시오."

술값을 치른 무송은 노래를 흥얼거리며 어깨에 봇짐을 짊어졌다.

"잘 먹었으니 이제 그만 가 봐야겠군."

"손님, 어디를 가려고 그러십니까?"

주인장이 뛰어나와 무송의 앞을 가로막았다.

"왜 그러시오? 술값은 다 주지 않았소?"

"아직 저 산에 대한 소문을 못 들으셨군요. 산의 중턱에서 사나운 호랑이가 요즈음 하루가 멀다 하고 나타나서 사람들을 죽인답니다. 게다가 곧 해가 질 텐데 그렇게 취한 몸으로 저 산을 넘다가는 틀림없이 호랑이 밥이 되고 말 겁니다. 오늘은 이 곳에서 지내고, 내일 산을 넘는 사람들이 웬만큼 모이면 함께 가도록 하세요."

그러나 무송은 오히려 껄껄대며 웃었다.

"하하하, 그까짓 호랑이 한 마리 때문에 벌벌 떨고 숨다니, 그게 어디 사내대장부가 할 일이오?"

"벌써 그 호랑이에게 나그네 수십 명이 목숨을 잃었어요."

"걱정 마시오. 호랑이든 뭐든 나타나기만 하면 이 두 주먹으로 때려잡을 테니까. 염려해 주어 고맙소."

무송은 말리는 주막집 주인을 밀치고 산을 향해 걸었다. 뒤에서 안타까운 듯 주인장의 애타는 소리가 들렸다.

"쯧쯧, 젊은이 하나가 또 죽게 생겼군."

고갯길에 들어서자 어둠은 이미 사방에 내려앉고 있었다. 독한 술을 마음껏 마신 뒤라 무송의 걸음은 이리저리 비틀댔다.

"휴, 안 되겠군. 좀 쉬었다 가야지."

풀이 우거진 숲 속에 넓적한 바위가 보였다. 무송은 나무 위로 올라가 앉았다. 조금 있으니 눈꺼풀이 내려앉으며 졸음이 쏟아졌다. 그가 꾸벅꾸벅 조는 사이에 큼직한 호랑이 한 마리가 어슬렁어슬렁 다가왔다.

'왜 이리 춥지?'

찬 기운을 느낀 그가 눈을 번쩍 떴을 때 호랑이가 냅다 달려들었다.

"앗!"

급히 몸을 피한 그는 가지고 다니던 지팡이를 거머쥐었다. 호랑이는 무송이 몸을 피하자 날카로운 이빨을 드러내며 으르렁거리더니 무송을 향해 꼬리를 내리쳤다. 다시 몸을 피한 무송은 소리쳤다.

"이놈! 이젠 네 차례다!"

정면으로 호랑이에게 달려들어 목을 조르며 머리를 여러 번 내리쳤다. 호랑이는 무송의 손아귀에서 빠져 나오려고 버둥거리며 앞발로 땅바닥에 구덩이를 파기 시작했다. 그는 아예 구덩이에 호랑이의 머리를 내리누르며 주먹으로 마구 때렸다.

"어흥……."

호랑이는 기운 빠진 소리를 내며 울부짖다가 그만 축 늘어졌다. 무송은 흐르는 땀을 닦으며 중얼거렸다.

"네놈이 그렇게 많은 나그네를 먹어치웠단 말이지?"

바위에 앉아 잠시 쉬고 있으려니 풀숲에서 부스럭거리는 소리가 들려왔다. 이제 두 마리의 호랑이가 그가 있는 곳으로 다가왔다. 호랑이를

상대하느라 그 역시 기운이 모두 빠진 상태라 덜컥 겁이 났다.

'이젠 꼼짝없이 죽겠구나.'

호랑이 두 마리는 슬금슬금 무송이 있는 곳으로 오더니 걸음을 딱 멈추었다. 그리고는 머리를 번쩍 들고는 일어섰다.

"늦은 시간에 이 깊은 산 속에서 대체 뭘 하고 있소?"

"당신들은……."

무송은 사람의 말소리에 고개를 들었다. 그의 앞에는 호랑이 가죽을 몸에 둘러쓴 사냥꾼 차림의 사람 둘이 서 있었다.

"우리는 지사의 분부를 받고 이 산에서 호랑이를 잡기 위해 나온 사냥꾼들이오. 사나운 호랑이라도 만나려면 어쩌려고 혼자서 길을 가는 게요?"

"호랑이라면 조금 전 내가 맨손으로 잡았소."

"하하하, 맨손으로 호랑이를 잡다니 누가 그 말을 믿겠소?"

두 사람의 사냥꾼들은 그의 말을 듣고 마음껏 웃었다.

"허, 내 말을 못 믿는 모양이니 이리로 와 보시오."

벌써 캄캄한 밤이라 사냥꾼들은 횃불을 밝혀 무송이 가리키는 곳으로 가 보았다.

"세상에……."

그들은 자신의 눈을 믿을 수가 없었다. 과연 그의 말대로 큰 몸집의 호랑이 한 마리가 피투성이가 된 채 쓰러져 있었다.

"자네는 얼른 마을에 이 사실을 알리고 사람들을 불러 오게."

"내 얼른 다녀오겠네."

마을로 내려간 한 사람의 사냥꾼이 곧 사람들을 불러 올라왔다. 호랑이 주변에 둘러선 사람들은 입이 딱 벌어졌다.

"자, 이러고 있을 게 아니라 어서 저 놈의 호랑이를 장대에 메어 들고 내려갑시다."

이 소문은 곧 양곡현 지사의 귀에까지 들어갔다.

"호랑이를 때려 잡은 장사를 불러 오너라."

그날 밤을 마을에서 보낸 무송은 다음 날 지사를 찾아갔다. 길을 가는 도중에 모인 사람들은 무송이 그 옆을 지나칠 때마다 박수를 치며 환호를 해 주었다.

"와, 저기 천하장사가 지나간다!"

"저 산의 호랑이를 혼자 맨손으로 잡았다며?"

"정말 대단해."

양곡현의 지사도 문 밖까지 나와 그를 맞아 주었다.

"어서 오시오. 늘 골칫거리였던 맹수를 단번에 잡아 주니 내 속이 다 후련하오. 그대를 보병 도두로 임명할 테니 부디 받아 주시오."

"제게 그런 벼슬을 내려 주시니 몸둘 바를 모르겠습니다."

호랑이를 잡은 덕에 뜻하지 않은 벼슬 자리를 얻게 된 무송은 무척 기뻤다. 지사에게 감사의 인사를 올린 뒤, 그길로 멀지 않은 고향집을 찾았다.

"내 동생 무송이로구나! 벼슬을 얻었다는 소문은 이미 들었다. 장하다, 장해!"

무송의 형 무대는 마치 자기 일처럼 좋아했다. 그 뒤 고향에서 즐거운 나날을 보내던 무송에게 갑작스런 일이 일어났다. 형 무대의 부인인 반금련은 뛰어난 미인이었는데, 그만 약장사를 하며 돈을 꽤 모은 서문경과 바람이 나고 말았다. 그 뒤, 반금련은 서문경을 꾀어 자신의 남편인 무대를 독살하고 말았다.

'갑자기 건강하시던 형님이 돌아가시다니! 그럴 리가 없어.'

형 무대의 죽음에 석연치 않은 점을 느낀 무송은 서문경을 의심하게 되었다. 결국 증인의 말을 통해 서문경이 범인이라는 것을 확인했으나, 서문경이 이미 관가에 돈을 뿌려놓은 상태여서 관가에서는 이리저리 대답을 회피하고 있었다.

"안 되겠어. 이대로 앉아 있다간 진실이 묻혀 버릴지도 몰라. 내가 서문경을 직접 만나봐야겠어."

서문경의 가게를 직접 찾아간 무송은 고래고래 소리를 질러댔고, 서문경은 그의 얼굴에 침을 뱉었다. 그러자 화가 난 무송이 칼을 뽑아 그 자리에서 그만 서문경의 목을 치고 말았다.

지사는 관가로 자수를 하러 간 무송을 멀리 떨어진 맹주로 귀양을 보내는 것으로 재판을 끝냈다.

호송인들의 호위를 받으며 맹주 땅에 도착한 무송은 이제부터 고생의 나날이라는 생각이 들었다. 그러나 생각과는 달리, 감옥의 간수장은 그에게 큰 호의를 베풀어 주었다. 날마다 깨끗한 옷에 훌륭한 음식이 나왔다.

"왜 죄인인 내게 이런 호의를 베푸는 거요?"

"사실은 제게 시은이라는 아들 녀석이 하나 있습니다. 원래 성격이 호탕한 아들은 쾌활림이라는 시장 한쪽 구석에 술집을 열고 장사를 잘 하고 있었지요. 그런데 장문신이라는 웬 불량배가 나타나 시장을 어지럽히기 시작하더니 급기야 아들과 싸움이 붙었죠. 결국 그 놈이 내 아들을 실컷 패 놓고는 가게마저 빼앗아 갔어요. 속으로 끙끙 앓고만 있었는데 호랑이를 때려 잡은 호걸이 이 곳으로 온다고 하길래 얼마나 기뻤는지 모릅니다. 부디 제 아들을 도와주십시오."

무송은 죄인의 신세인지라 섣불리 대답을 하지 못했다.

'이 일을 어쩐다? 벌을 받기 위해 귀양까지 와서 난동을 부릴 수야 없지 않나? 그렇다고 나쁜 짓을 저지르는 불량배들을 그냥 놔 두고

볼 수도 없고…….'

간수장의 얼굴에는 근심이 가득했다.

"좋습니다. 내일 장문신이라는 놈을 만나 보기로 하지요."

"정말입니까? 그런데 그놈이 워낙 힘이 장사라서……."

무송은 간수장을 안심시키기 위해서 앞에 있던 큰 바위를 들었다가 살며시 내려놓았다. 간수장은 무송의 힘에 그저 감탄할 뿐이었다.

다음 날 쾌활림 거리로 나간 무송은 금방 장문신이라는 불량배를 발견할 수 있었다.

'저기 웃통을 벗어던진 채 술집 앞에 앉아 있는 놈이 간수장이 말한 놈이로군. 어디 맛 좀 봐라.'

무송은 일단 술집 안으로 들어가 술을 시켰다.

"제일 맛있는 술로 가져와라."

잠시 술집 안을 둘러보던 무송의 눈에 한 여인이 띄었다. 그는 술을 내오던 술집 하인에게 대뜸 물었다.

"저 여자는 누구냐?"

"이 술집 주인인 장문신의 아내 되는 분이오."

"그래? 그럼 손님에게 술 한 잔 따르라고 일러라."

"네?"

술집 하인은 두 눈을 동그랗게 뜨고 무송을 바라보았다.

"내 말을 못 알아들었느냐?"

"실례지만 이곳 사람이 아니신가 보군요. 우리 주인 나리는 힘이 장사로 이 근방에선 대적할 사람이 아무도 없다는 걸 모르시는군요."

"그게 뭐 어쨌단 말이야? 어서 저 여자에게 이리로 와서 술을 따르라고 해라."

무송이 막무가내로 떼를 쓰자 이를 듣고 있던 장문신의 아내가 안으로 들어가려고 했다. 그러자 무송이 소리를 버럭 질렀다.

"어서 이리 오지 못해!"

문 밖에서 쉬고 있던 장문신이, 안에서 다투는 소리가 나자 얼른 술집 안으로 들어섰다.

"허, 손님이면 손님답게 술이나 마시고 갈 일이지 왜 이리 소란을 떠는 게냐?"

장문신은 무송의 멱살을 쥐었다. 이를 가만히 참고 있을 리 없는 무송이 대뜸 술 사발을 장문신의 얼굴에 부었다.

"이런!"

화가 머리꼭대기까지 난 장문신이 두 손을 걷어붙이고 무송에게 달려들었다. 무송은 장문신의 발을 걸어 넘어뜨리고 발로 얼굴을 짓밟아 꼼짝 못하게 만들었다.

"아……. 제발 목숨만……."

"이제야 정신이 드나 보군. 시은에게 행패를 부린 적이 있느냐?"

장문신은 숨이 막혀 대답을 못하고 고개만 까닥거렸다.

"지금부터 내 말을 잘 듣거라. 첫째 이 술집은 원 주인인 시은에게 당장 돌려줄 것이며 둘째, 앞으로 이 주변엔 얼씬도 하지 말아라. 이 약속을 잘 지키겠다고 하면 목숨만은 살려 주겠다."

"물론입니다."

무송의 조건에 장문신은 고개를 연신 끄덕거렸다. 나중에 이 소식을 들은 간수장은 무송에게 감사의 인사를 한 뒤, 그를 더욱더 잘 모셨다.

장순과 이규의 만남

한편, 송강은 소선풍 시진의 집에 머물면서 마음 한구석이 허전했다.

'아버지는 어떻게 지내시고 계실까? 진지는 잘 챙겨 드시는지 모르겠군…….'

효자로 소문난 송강은 꿈을 꾼 날이면 아버지가 나타나 자신을 찾는 것 같아 마음이 편치 않았다. 그는 시진을 찾아가 고향으로 돌아가겠다고 알렸다.

"아무래도 집에 가 봐야겠어요. 꿈에 아버지가 자주 보이는 걸 보니 아무래도 편찮으신 것 같습니다."

"글쎄, 아직 집으로 가는 것은 위험하지 않을까요?"

시진은 송강이 술집 여인을 죽이고 도망친 죄인의 몸이라 내심 걱정이 되었다. 그러나 송강의 고집을 꺾지 못한 시진은 하는 수 없이 허락해 주었다. 운성현에 이르자 송강은 결국 살인범으로 체포되어 지사 앞으로 끌려갔다.

"그 동안 관리로서 성실히 일한 점을 높이 사, 강주 감옥으로 유배시키는 것으로 벌을 대신하겠다."

결국 아버지를 만나지 못하고 강주 감옥으로 가게 된 송강은 하염없이 눈물을 흘렸다.

"아, 아버지."

그러나 아들이 고향으로 돌아왔다는 소식을 주변 사람들에게 듣게 된 송강의 아버지는 귀양가는 길목에 서서 아들을 기다렸다. 부자는 서로 부둥켜안고 눈물을 흘렸다.

"얘야, 이제 눈물을 거두고 내 말을 명심해 듣거라. 어차피 죄인의 몸이 되기는 했지만 더 이상 죄를 지어서는 안 된다."

"예, 아버지."

"귀양을 가는 도중에 양산박을 지나게 될 때, 그 곳 호걸들이 너를 구하러 달려올지도 모른다. 그러나 두 번 다시 그들과 어울려서는 안 된다. 알겠느냐?"

송강은 아버지의 염려에 그저 고마울 따름이었다. 송강의 아버지는 아들을 호송하는 관리들에게 슬며시 은돈을 쥐어 주었다.

"내 아들을 잘 부탁하겠소."

"헤헤, 이러시지 않아도 되는데."

호송인들은 송강의 아버지의 부탁뿐만이 아니라, 평소에도 송강을 존경해 왔기 때문에 특별히 신경을 써 주었다.

어느덧 양산박 근처에 이르렀다. 그 때, 뿌연 연기가 일어나며 한 떼의 무리가 달려오는 것이 보였다.

"이크, 저놈들은 도적 떼의 무리가 아닌가?"

"이를 어쩌나?"

두 호송인은 어쩔 줄을 몰라 발을 동동 굴렀다. 벌써 앞장선 두목쯤 되는 자가 칼을 높이 뽑아 들고 외쳤다.

"그분을 놔 주어라!"

"아니, 당신은 유당이 아니오?"

무리의 앞장을 선 유당은 곧 호송인들을 베려고 했다. 송강은 깜짝 놀라며 급히 그를 말렸다.

"그만두시오. 그 사람들은 이 곳까지 나를 잘 보살펴 주었소."

"전 송강 어른을 보호하려고 그랬던 것인데, 실수를 했다면 용서해 주십시오. 어서 산채로 가시지요. 지금 양산박의 두령들은 송강 어른이 오시기만 기다리고 있습니다."

유당은 칼을 집어넣으며 송강을 양산박으로 모셔 가려고 했다.

"저는 죄인의 몸으로 강주로 가는 길입니다. 말씀은 고맙지만 두 호송인들과 가던 길을 가겠습니다."

"안 됩니다. 벌써 조개 두령은 송강 어른이 아버님을 찾아뵙기 위해

집으로 가다가 지사에게 붙들린 사실을 듣고는 많이 언짢아하셨습니다. 한데 마침 강주로 귀양을 간다는 소식을 듣자 기뻐하시며 이 곳을 지날 때를 손꼽아 기다리셨습니다. 만약 제가 모시고 가지 못한다면 무슨 벌이 떨어질지 모릅니다."

송강은 아버지와의 약속도 있고 해서 거절을 했으나, 유당은 길을 비켜 주지 않고 애원을 했다. 그 때, 양산박의 둘째 수령이 된 오용이 활을 잘 쏘기로 유명한 화영이란 호걸과 함께 말을 몰아 왔다.

"오랜만이오."

"아, 오용 선생이시로군요."

송강은 화영과도 인사를 나누었다. 유당이 오용에게 귓속말을 했다. 오용은 고개를 끄덕이더니 송강에게 조용히 권했다.

"우선 양산박으로 가서서 여러 두령들과 인사를 나누십시오. 그 곳에 머무는 문제는 그 다음에 결정을 하셔도 좋을 것입니다."

"좋소."

인사만이라도 하고 가라는 오용의 말에 송강은 더 이상 거절할 수가 없었다. 마침내 두 호송인과 함께 양산박으로 향했다. 산채 입구에서 조개를 비롯한 여러 두령들이 송강을 반갑게 맞아 주었다.

"이렇게 다시 뵙게 되다니, 참으로 반갑소."

"저를 잊지 않고 맞아 주시니 뭐라고 감사의 인사를 드려야 할지 모르겠습니다."

"어서 이리로 앉으시오."

조개는 자신의 옆자리에 송강을 앉혔다. 그리고 떡 벌어지게 잔칫상을 차려 음식을 권했다.

"오용 선생에게 송강 어른의 심정을 듣기는 했소만, 다시 한 번 묻겠습니다. 저희들과 함께 이 곳에 남아 주실 수 없는지요?"

"이미 말씀드렸다시피 죄인의 몸이라 그 대가를 치르고 싶습니다. 게다가 귀양길에서 저를 기다리고 계셨던 아버지의 부탁도 있었고 하니, 죄를 다 치른 뒤 훗날 다시 만날 기회가 있다면 생각해 보겠습니다."

송강의 굳은 결심에 조개는 더 이상 권유할 수가 없었다.

"그럼 오늘 밤은 이 곳에서 머무십시오. 밤새 술을 마시면서 그 동안 쌓였던 이야기나 나누도록 합시다."

"이해를 해 주시니 고맙습니다."

여러 호걸들도 섭섭한 마음은 있었지만 송강의 효성에 고개를 끄덕였다. 다음 날, 날이 밝자 송강은 양산박의 여러 호걸들과 작별 인사를 나누고 헤어졌다.

"그럼 조심해서 가시오."

"안녕히들 계십시오."

인사를 하고 막 돌아서려는 순간 오용이 급히 그를 불러 세웠다.

"잠시만 기다리시오!"

어쩐지 오용 선생의 모습이 여러 호걸들 중에 보이지 않는다고 생각하던 차였다.

"여기 강주 감옥에 있는 친구 대종에게 편지 한 통을 썼소. 이 편지를 그 사람에게 전해 주면 도움을 받을 수 있을 것이오."

"이렇게까지 도움을 주시다니……."

송강은 오용의 편지를 받아들고 다시 한 번 감사의 인사를 한 뒤 강주를 향해 떠났다. 도착 즉시 송강은 가지고 간 돈을 관리들에게 골고루 나누어 주었다. 그러나 오용이 말한 간수장 대종에게는 한 푼도 내놓지 않았다. 뇌물을 받은 관리들은 송강에게 잘 대해 주었다.

"허, 죄인 주제에 나만 빼놓고 뇌물을 돌렸단 말이지?"

"거참, 이상하군. 왜 자네에게만 돈을 주지 않았을까?"

관리들과 이야기를 나누던 중 대종은 자신만 뇌물을 받지 않은 사실을 알게 되었다. 대종은 괘씸한 생각이 들어 송강을 불렀다.

"네가 하는 짓이 몹시 거만하구나. 어째서 이 곳으로 처음 온 죄인이 내게만 인사도 하지 않고 마땅히 내야 할 약간의 돈도 내놓지 않는 게냐?"

"관리 된 자로서 죄인이 돈을 바치지 않는다고 드러내놓고 요구를 하다니 부끄럽지도 않소?"

대종은 얼굴이 붉으락푸르락했다.

"이놈이 보자보자 하니 못하는 말이 없구나. 어디 오늘 따끔한 맛을 보여 줄 테니 기다려라. 여봐라! 이놈에게 곤장 백 대를 쳐라!"

명령이 떨어지자 그 곳에 있던 관리들은 이미 송강에게서 돈을 받은 뒤라 서로 눈치를 보며 뒤로 내빼기 시작했다.

"저놈들이……."

대종은 관리들의 꼴을 보니 한심스러웠다.

'이대로 물러섰다간 내 꼴만 우습게 되겠군.'

그는 손에 직접 몽둥이를 들고 송강에게 다가갔다.

"매를 다 맞고도 네놈이 주둥아리를 놀리는지 볼 테다."

"양산박의 오용 선생이 내게 말한 것과는 다르군."

몽둥이를 내리치려는 순간 송강의 입에서 흘러나온 소리는 뜻밖이었다. 대종은 깜짝 놀라 되물었다.

"네가 지금 뭐라고 중얼댔느냐?"

송강은 대답 대신 양산박의 오용 선생에게서 받은 편지를 대종에게 내밀었다. 편지를 보낸 사람을 확인한 대종은 송강에게 물었다.

"그럼 당신이……."

"산동 운성현에 사는 급시우 송강이오."

"난 그런 줄도 모르고 이런 실수를 범했소."

대종은 그제야 자신을 무시했던 죄인이 송강이라는 것을 알았다.

"그 동안 내가 그리 한 것은 주변 사람들의 눈을 피하기 위해서 일부러 한 짓이었소. 마침 이렇게 자리를 만들어 주시니 다행한 일이오."

"그거 참……."

두 사람은 겸연쩍어하며 서로 마주 보고 너털웃음을 터뜨렸다.

"하하하, 하여튼 반갑소."

"나도 마찬가지요."

그 때 포졸 하나가 숨을 몰아쉬며 그들 앞으로 달려왔다.

"나리, 난리가 났습니다."

"무슨 일인데 그리 호들갑이냐?"

"흑선풍 이규가 술집에서 도끼를 휘두르며 주정을 부리고 있습니다. 어서 가 보십시오."

"요새 잠잠하다 했더니, 또 일을 저질렀군."

대종은 송강에게 잠시 다녀오겠다고 한 뒤, 포졸을 따라 밖으로 나갔다. 잠시 후, 대종의 뒤로 한 사나이가 따라 들어왔다.

'흠, 얼굴빛은 검은곰 같고 몸은 황소와 같구나. 게다가 고함 소리가 예사롭지 않은 걸 보니 호걸이로군.'

대종은 송강에게 이규를 소개시켰다.

"자, 이분께 인사하게. 자네가 평소 만나보고 싶어하던 산동 운성현의 송강 어른일세. 그리고 이쪽은 흑선풍 이규로 도끼를 휘두르는 솜씨가 일품입니다."

대종의 말을 들은 이규는 송강을 올려다본 뒤 바닥에 넙죽 엎드렸다.

"송강 어른을 만나다니 마치 꿈만 같습니다. 앞으로 스승으로 잘 모실 테니 저를 받아 주십시오."

"어허, 어서 일어나시오."

바닥에 꿇어앉아 있는 이규를 일으킨 송강은 지나가는 말로 물었다.

"조금 전 무슨 일로 술집에서 다투었나요?"

"아, 별일 아닙니다. 돈이 필요해서 열 냥만 꿔 달라고 했더니 없다고 하길래 화가 나서 그만 술집 주인을 한 대 쳤습니다."

"저런……. 여기 필요한 열 냥을 드리겠소."

이규를 처음 본 송강이었지만 머뭇거리지 않고 선뜻 돈을 내주었다. 이규는 인사를 하고 넙죽 그 돈을 받았다.

"그럼 나중에 술이나 한잔 합시다. 저는 바빠서 이만 가 보겠습니다."

돈을 쥔 이규는 관가를 빠져 나왔다.

'송강 어른은 과연 통이 큰 호걸이구나. 처음 본 사람에게 대뜸 열 냥을 내놓다니 말이야. 일단 돈을 빌렸으니 이 돈을 열 배로 만들어 송강 어른에게 떡 벌어지게 술을 한잔 사야겠다.'

곧바로 노름판을 찾은 이규는 돈 열 냥을 걸고 노름을 시작했다. 그러나 오늘따라 운이 없었는지 이규는 돈을 다 잃고 말았다.

'이런, 가진 돈이 하나도 없네. 안 되겠다. 돈을 꾸어서라도 다시 한 번 해 봐야지.'

옆사람에게 몇 푼을 빌려서 다시 노름판에 끼어들었다. 그러나 이번에도 마찬가지였다. 빌린 돈마저 잃게 된 이규는 허무했다.

"이봐, 조금 전 그 열 냥을 도로 주게."

"무슨 소리야? 잃은 돈을 다시 달라니."

"사실은 내 돈이 아니고 빌린 거란 말일세."

"지금 제정신으로 하는 이야기인가? 노름판에 제 돈 다르고 빌린 돈 다른가?"

이규의 돈을 딴 사람은 말도 안 되는 소리라고 면박을 줬다.

"그럼 내일 이자까지 붙여 줄 테니 열 냥만 빌려 주게."

"이 사람이 정말……."

상대는 화를 버럭 내며 이제 아예 대꾸조차 하지 않았다. 이규는 안 되겠다 싶었는지 노름판에 널려 있던 돈들을 몽땅 자기 주머니에 움켜 넣었다.

"아니, 지금 뭐 하는 거야?"

"미안하지만 오늘은 할 수 없네."

이규는 그길로 문을 박차고 밖으로 냅다 뛰었다. 노름을 하던 사람들은 어이가 없었다. 번뜩 정신을 차린 그들은 이규의 뒤를 쫓아왔다.

"저놈 잡아라!"

거리는 온통 이규와 그를 쫓아 뛰는 사람들의 소리로 가득 찼다. 숨을 헉헉거리며 달리고 있는데 누군가 이규의 팔을 세게 잡는 사람이 있었다.

"누구야?"

"아직도 정신을 못 차렸군."

뒤를 돌아다본 이규의 앞에 대종과 송강이 서 있었다. 이규는 도둑질을 하다 들키자 어쩔 줄을 몰랐다.

"쯧쯧, 왜 이런 짓을 하셨소? 돈이 필요하면 내게 말하지 않고."

송강이 안타까운 눈으로 바라보자, 이규는 쥐구멍에라도 들어가고 싶은 심정이었다. 곧 뒤따라온 노름꾼들에게 돈을 모두 돌려주었다.

"어디 가서 술이나 한잔 합시다."

대종은 심양강 기슭의 비파정으로 두 사람을 안내했다. 곧 주모가 술과 푸짐한 안주를 들고 나왔다.

"참으로 경치가 좋군."

"오늘 좋은 만남을 가졌으니 실컷 마십시다."

서로 술을 권하며 기분 좋게 마시고 있는데, 갑자기 이규가 주모를 큰 소리로 불렀다.

"주모! 이리 좀 와 보시오."

"왜 그러시오?"

"눈이 있으면 좀 보시오. 안주로 가져온 생선이 다 물러져 맛이 없소. 싱싱한 것으로 다시 가져오시오."

주모는 미안한 듯 고개를 숙이며 말했다.

"죄송합니다. 사실 그 생선은 오늘 잡은 것이 아닙니다. 보시다시피 고기잡이배들은 저렇게 들어와 있지만 아직 도매상 주인이 나오기 전이라 생선을 살 수가 없습니다."

"뭐요?"

이규는 주모의 말을 듣고 벌컥 화를 냈다.

"그렇다면 내가 직접 생선을 사가지고 오겠소. 형님들은 여기서 기다리고 계십시오."

"그만두게. 주모에게 구해 오라면 될 게 아닌가?"

"어느 세월에 가져오겠습니까? 제가 나갔다 오겠습니다."

대종이 말리는 것도 듣지 않고 이규는 횡허케 나가 버렸다.

"저렇게 성미가 급해서야……."

이규는 고기잡이배가 있는 곳으로 가서 어부에게 부탁했다.

"싱싱한 놈으로 두 마리만 주시오."

"아직 도매상 주인이 나오지 않았으니 좀 더 기다리시오."

"쳇, 그놈의 주인이 어디에 처박혀서 언제 나올지 알게 뭐람? 나도 바쁜 몸이니 어서 두 마리만 파시오."

그러나 어부는 들은 체도 하지 않았다.

"그렇다면 내 손으로 직접 건져 갈 수밖에 없군."

이규는 배 근처에 망을 씌워 가두어 두었던 물고기를 손으로 건져 내려고 안간힘을 썼다. 놀란 어부는 재빨리 다른 어부들을 불러 왔다.

"이놈이 지금 무슨 짓을 하는 거야?"

어부들은 동시에 이규를 향해 삿대를 내리쳤다. 이규는 재빨리 그들의 삿대를 피한 뒤 윗옷을 벗어젖혔다.

"어디 덤벼 봐!"

어부들이 쥐고 있던 삿대를 순식간에 빼앗은 이규는 힘들이지 않고 무릎에 대고 부러뜨렸다.

"이크! 힘이 무지막지한 놈이로군."

"이러다간 뼈도 못 추리겠군. 어서 도망가자!"

하나 둘씩 뒷걸음질을 치던 어부들은 순식간에 걸음아 나 살려라 하

고 도망을 쳤다. 분이 풀리지 않은 이규는 배에서 뛰어내려 강 주변에 늘어선 생선 장수를 향해 들고 있던 삿대를 마구 내리쳤다.

"어이쿠, 사람 살려!"

생선 장수 중 한 명이 잽싸게 주인을 불러 왔다.

"네 이놈! 어디서 행패냐?"

"넌 또 누구냐?"

"배 주인인 장순이다. 어디 내 주먹 맛 좀 봐라."

두 사람은 누가 먼저랄 것도 없이 서로 맞붙어 싸웠다. 힘깨나 쓰는 장순도 이규의 무지막지한 주먹을 당해 낼 수는 없었다.

'에라, 모르겠다. 물 속이라면 자신 있으니 거기서 붙어 보자.'

이렇게 작정한 장순은 순간 물 속으로 몸을 던졌다. 이규는 무슨 영문인지를 몰라 그 자리에 서 있었다.

"어서 따라 들어오지 않고 뭘 그렇게 멍청히 서 있는 거야?"

"뭐가 어째?"

"물 속에서 힘을 겨루어 보잔 말이야!"

장순이 이규를 향해 물 속으로 들어오란 손짓을 했다. 사실 이규도 장순과 겨루느라 힘이 빠져 있었지만 그대로 물러설 이규가 아니었다.

"좋다! 기다려라."

물 속으로 풍덩 몸을 던진 이규는 헤엄을 쳐 장순이 있는 곳으로 다가갔다. 이 즈음 비파정에 있는 대종과 송강은 이규가 나간 지 한참이 지나도 돌아오지 않자 걱정이 되었다.

"주모, 밖에 나가 조금 전에 나간 사람 소식 좀 알아 오시오."

"기다리시오."

주모는 밖에 나갔다가 얼굴이 새파래서 돌아왔다.

"손님들, 야단났습니다."

송강과 대종은 금방 이규가 또 무슨 일을 저질렀음을 알아챘다.

"조금 전 그 손님과 도매상 배 주인이 물 속에 들어가 지금 싸우고 있다고 합니다. 어서 나가 보세요."

두 사람은 곧 강가로 나와 이규를 찾았다. 그러나 물 속에 들어간 두 사람의 머리가 가끔씩 나왔다 들어가 버릴 뿐, 도무지 뭐가 뭔지 알 수가 없었다.

"헤헤, 그 놈 오늘 혼쭐이 나는군."

"저길 좀 봐, 우리에게 삿대를 휘둘렀던 놈이 물 속에서 허우적대고 있지 않나?"

"휴, 속이 다 후련하군."

어부와 생선 장수들은 신이 나서 이규의 흉을 봤다. 그들의 말대로 물 위로 떴다 가라앉았다 하는 모습이 아무래도 배 주인이 이규를 마음대로 놀려 주고 있는 것 같았다.

"안 되겠군. 저러다간 이규가 큰일나겠어."

대종은 옆에 있는 어부에게 배 주인의 이름을 물어 보고는 크게 소리를 질렀다.

"이보시오! 장형. 이제 그만 하면 이규도 혼이 났을 테니 다시는 그런 짓을 하지 않을 거요. 이제 그만 물 밖으로 나오시오."

장순은 대종의 모습을 알아보고 이규를 끌고 물 밖으로 나왔다. 이규는 겨우 물에서 나오자 거의 정신을 잃었다. 심하게 토한 뒤 이규와 장순은 젖은 옷을 갈아입고 비파정에서 자리를 같이 했다.

"허허, 이거 미안하게 됐소."

"저 역시 성질이 급해서 그렇지 별다른 감정은 없었소."

네 사람은 한바탕 웃으며 술잔을 기울였다. 그 뒤로 네 사람은 가끔씩 만나 마음을 터놓고 지내곤 했다.

하루는 송강이 술 생각이 나서 대종을 만나러 갔다. 외출을 했다는 하인의 말을 들은 그는 다시 이규를 찾았다. 그러나 역시 헛걸음이었다.

'장순에게 가 볼까?'

장순 역시 볼일을 보러 갔다는 소리를 듣고 송강은 그만 발길을 돌렸다. 울적한 마음에 강가를 걷고 있는데 심양루라는 술집 간판이 눈에 들어왔다.

'옳지, 이 곳이 그 유명한 강주의 심양루로군. 저 간판이 시인 소동파가 쓴 것이고. 함께 이야기를 나눌 사람이 없는 게 한스럽구나.'

송강은 자신도 모르게 그리로 발길을 옮겼다. 심양루 안에서 내다본 경치는 참으로 아름다웠다. 주인을 불러 술을 시킨 뒤, 한동안 눈앞에 펼쳐진 경치를 바라보았다. 그러다 문득 자신의 신세가 처량하다는 생각이 들었다.

'휴, 어쩌다 내 신세가 이리 됐을꼬? 산동에서 태어나 어린 시절부터 재주가 뛰어났으나, 이제 내 나이 서른이 넘도록 공명을 이루지 못하고 죄인의 몸으로 귀양을 살고 있다니. 늘 나를 걱정하고 계신 아버님께 이 무슨 불효란 말인가?'

그는 자리에서 일어나 누각을 이리저리 둘러보았다. 사방 벽에는 옛사람들의 시가 눈에 띄었다.

"주인장, 여기 붓과 벼루를 가져다 주시오."

"예."

주인이 공손하게 붓과 벼루를 내왔다. 송강은 자신의 감흥을 이기지 못하고 마음속에 떠오르는 시 한 수를 벽에 적었다.

어린 시절 학문에 뜻을 두어
자라면서 영특하다는 말을 들었노라.

거친 호랑이가 바위에 웅크리고 있듯이
사나운 발톱과 이빨을 숨기고 설움을 참노라.
뜻하지 않게 두 뺨에 낙인을 받고 귀양길에 올랐으나
앞으로 피맺힌 한을 갚을 날이 있다면
심양강 주위를 붉은 피로 메우리.

　그는 시의 끝에 운성 송강이라고 이름을 밝혀 두었다. 송강은 다시 술자리로 돌아와 몇 잔의 술을 마신 뒤 부중으로 돌아왔다.

거지들과 약장수

　강주 건너편 무위군이라는 고을에 황문병이라는 사람이 있었다. 학문에는 별 뜻이 없었지만 늘 벼슬 자리 하나 얻는 것이 소원이었다. 그래서 틈나는 대로 강주 지사를 찾아뵙고 아첨을 떨었다. 그 날도 강주 지사에게 뇌물을 바치기 위해 강을 건너가는 길이었다.
　"휴, 한참 걸었더니 옷이 흠뻑 젖었군. 저기 심양루에 들러 술이나 한 잔 하고 가야지."
　그가 앉은 자리는 하필 송강이 쓴 시가 적혀 있는 곳이었다.
　'피맺힌 한을 갚는다고? 수상하군.'
　황문병은 술집 주모를 불렀다.
　"혹시 이 시 쓴 사람을 기억하시오?"
　"예, 무척 검은 얼굴에 작은 키였어요."
　"이렇다 할 만한 몸의 특징은 없었소?"
　"아, 그리고 보니 이제 생각이 나는군요. 얼굴에 금인이 있었어요."
　주모의 말에 황문병은 무릎을 탁 쳤다.

"그럼 강주 감옥에 있는 사람이로군."

황문병은 즉시 송강이 쓴 시를 베껴 강주 지사에게 가지고 갔다.

"긴히 드릴 말씀이 있습니다. 반역자를 찾아냈습니다."

"반역자라니?"

강주 지사는 황문병이 내민 시를 천천히 읽어 내려갔다.

"자네 말이 맞군. 이 시를 어디서 얻었나?"

"이리로 오는 길에 우연히 심양루에 들렀다가 그곳에 적혀 있는 것을 베껴 온 것입니다."

"음, 시의 마지막에 송강이라는 이름이 적혀 있군. 송강이라면 얼마 전에 들어온 죄인인데……. 괜찮은 인물이라 직책을 주어 부중의 일까지 맡겼는데, 이런 마음을 먹고 있을 줄이야……. 당장 불러다 혼을 내주어야겠군."

송강은 어이없게 포졸에게 붙잡혀 감옥에 갇히는 신세가 되었다. 이 소식을 들은 대종은 깜짝 놀랐다.

'이런, 송강이 큰 실수를 했구나. 이를 어쩌지?'

걱정을 하던 대종은 동정을 살피기 위해 강주 지사가 있는 곳으로 향했다. 황문병은 더욱 신이 나서 지사를 부추기고 있었다.

"모름지기 반역이란 혼자서 하는 법이 없죠. 누군가 공모하는 자가 있을 겁니다. 들으셨는지 모르겠지만 송강은 양산박 도둑 떼들과 은밀히 내통하고 있다고 합니다. 이번 일을 동경에 알려 큰 공을 세우게 되면 지사 어른은 아버님의 위신도 높이고 벼슬도 높아지실 게 아닙니까?"

강주 지사의 아버지는 바로 동경에 있는 채 태사였다. 지사는 황문병의 그럴싸한 꾐에 그만 넘어가고 말았다.

"그럼 우선 동경에 계신 아버님께 이 일을 알려야겠군. 이 일은 하루에 천 리를 갈 수 있는 신행태보 대종에게 맡겨야겠다."

지사는 사람을 시켜 대종을 불러 오도록 했다.

"동경에 좀 다녀와야겠다."

"예?"

"왜 그렇게 놀라나?"

대종은 얼른 고개를 가로저었다.

"아, 아닙니다. 무슨 일이십니까?"

"편지 한 장을 써 줄 테니 동경에 계신 아버님께 전하면 된다. 그리고 답장을 받는 즉시 돌아오도록 해라. 이번 일을 잘해 주면 네게도 후한 상을 내리겠다."

"분부대로 하겠습니다."

지사의 방을 나온 대종은 그길로 감옥에 있는 송강을 찾아갔다.

"잠시 동경에 다녀오게 됐지만 아무 걱정 마시오. 마침 동경에 아는 사람이 있으니 내 어떡하든지 힘을 써 보겠소. 내가 없는 동안 이규에게 형님 일을 맡겨 놓을 테니 마음 편히 계십시오."

"걱정을 끼치게 되어 면목이 없소."

작별 인사를 한 대종은 이규를 불러 단단히 일렀다.

"자네는 각별히 술을 조심하게. 옥에 있는 송강 어른을 아침 저녁으로 잘 돌봐 주게."

"염려 마십시오. 그나저나 앞으로 송강 어른의 일을 어떻게 하면 좋을지 모르겠습니다."

이규는 답답한 마음을 가눌 길이 없었다. 무거운 마음을 뒤로한 채 대종은 급히 동경을 향해 길을 떠났다.

쉬지 않고 부지런히 달리는 대종의 등엔 식은땀이 흘렀다. 어느덧 호수가 보이는 술집 근처에 이르렀다.

"배가 고프니 저기서 뭘 좀 먹고 가야겠군."

술집 주인이 반갑게 달려나와 주문을 받았다.

"뭘 드릴까요?"

"우선 목이 마르니 술을 좀 가져오시오. 그리고 아무 거라도 좋으니 배를 채울 만한 음식도 좀 주고."

먼저 술이 나오자 대종은 벌컥벌컥 석 잔을 내리 마셨다.

"아, 왜 이렇게 어지럽지?"

갑자기 머리가 띵하며 온몸이 비틀거렸다. 대종은 의자에서 일어서려는 순간, 그만 몸을 가누지 못하고 앞으로 푹 고꾸라져 버렸다.

"오늘도 한 건 올렸군. 이봐! 이리 와 저 녀석을 저리로 옮겨 놓게."

졸개에게 지시를 내리는 사람은 다름 아닌, 양산박의 두령 중의 한 사람인 주귀였다. 주귀의 지시를 받은 졸개는 대종을 한 곳으로 옮긴 뒤 호주머니를 뒤졌다.

"여기 편지 한 장이 있습니다."

"그래? 이리 가져와."

편지의 겉봉을 뜯어 내용을 읽은 주귀는 깜짝 놀랐다. 강주 지사가 아버지에게 안부 인사를 올린 뒤 송강의 반역에 대한 처리 문제를 묻는 것으로, 대종이란 관리를 보낸다는 내용이었다.

"큰일이군. 송강 형님이 난처한 지경을 당했구나."

어찌할 바를 몰라 잠시 망설이던 주귀의 머리를 스치는 것이 있었다.

'대종이라면 오용 선생의 친구 분이 아닌가? 이런, 저 사람을 죽게 내버려둘 수는 없지.'

주귀는 품속에 있던 해독제를 대종의 입에 떨어뜨렸다. 잠시 후, 정신이 든 대종은 주변을 두리번거렸다.

"이제 정신이 드시오?"

"가만있자, 그러고 보니 당신이 내게 약을 탄 술을 먹였군. 왜 내게 이런 짓을 했지?"

"나는 양산박의 주귀라 하오."

대종이 의심스런 눈초리로 바라보자 주귀는 오히려 대들었다.

"먼저 당신이 가지고 있던 편지는 어찌 된 것인지 묻고 싶소. 산채의 오용 선생의 친구인 당신이 어째서 송강 어른을 모함하는 편지를 가지고 심부름을 가는 거요?"

"지금 대체 무슨 소리를 하는 거요?"

대종은 얼른 자신의 품속을 뒤져 보았다. 강주 지사의 편지가 없었다.

"당신이 내 편지까지 훔쳤군."

"보아하니 편지 내용을 잘 모르는 모양인데, 자, 이 편지를 읽어 보시오."

주귀는 대종의 주머니에서 빼낸 편지를 건네주었다. 편지를 읽던 대종은 기가 막혀 어쩔 줄을 몰랐다.

"이럴 수가……. 하마터면 당신 말대로 내가 송강 어른을 해치려는 데 앞장선 꼴이 될 뻔했소."

대종은 편지만 전달하려고 했을 뿐, 강주 지사가 송강의 반역죄를 채 태사에게 고해 바치려는 줄은 꿈에도 몰랐다.

"표정을 보니 당신 말처럼 아무것도 몰랐던 게 틀림없는 것 같군. 이러고 있을 게 아니라, 서둘러 양산박의 여러 두령들과 어서 이 문제를 의논해 봅시다."

산채를 향해 올라가는 주귀를 따라 나선 대종은 곧 조개 두령을 비롯한 여러 호걸들을 만날 수 있었다.

"일이 그렇게 됐군. 울적한 마음에 흘려 쓴 시가 반역시로 알려져 감옥에 갇히는 신세가 되다니 송강도 참으로 운이 없군."

"게다가 이젠 동경에까지 그 일을 알리려 하니 어쩌면 좋겠소?"

"이번 일은 송강 어른뿐만 아니라 우리에게도 영향이 미칠 것이오."

산채의 여러 호걸들은 이번 일에 저마다 한 마디씩 우려를 나타냈다. 첫째 두령 조개가 결단을 내렸다.

"우선 송강의 목숨이 위태로우니 그를 먼저 구해 내는 것이 순서일 것이오. 이 곳에 있는 졸개들을 모아 강주로 쳐들어갑시다."

"안 됩니다."

두령들의 이야기를 가만히 듣고만 있던 오용 선생이 반대를 하며 앞으로 나섰다.

"오용 선생, 왜 안 된다는 거요?"

"일단 여기서 강주까지는 길이 너무 멉니다. 설령 우리가 졸개를 모아 그 곳을 공격한다 할지라도, 그들이 벌써 소문을 듣고 송강을 그냥 놔 두지 않을 겁니다. 이번 일은 졸개들의 힘만 가지고는 안 되는 일이올시다."

"음, 그렇군. 그럼 무슨 좋은 방법이라도 있소?"

"가짜 답장을 만드는 것인데, 잘 될지 모르겠군요."

조개 두령은 오용의 다음 말을 기다렸다.

"가짜 답장이라? 좀더 자세히 말해 보시오."

"즉, 대종을 시켜 송강을 동경으로 올려 보내라는 가짜 편지를 만들어 강주 지사에게 전하는 겁니다. 그런 다음 송강이 지나는 길을 지키고 있다가 구해 내면 될 겁니다."

"그거 참 좋은 방법이로군."

여러 두령은 오용의 꾀에 감탄을 했다. 그러나 공손승의 얼굴은 어둡기만 했다.

"글쎄, 동경 채 태사의 글 솜씨를 흉내낼 수 있을까?"

"그게 뭐 그리 어려운가요?"

"생각처럼 간단한 문제가 아니오. 채 태사는 천하에 소문난 명필가로 우리 산채에는 그 솜씨와 견줄 만한 사람이 없소."

오용이 다시 산채의 두령들 앞으로 나섰다.

"그 문제라면 염려할 것 없소. 내가 아는 사람 중에 다른 사람의 글 솜씨를 거의 똑같이 흉내내는 사람이 있소. 원래는 도장을 파는 일을 하던 사람인데 믿을 만한 사람으로, 곧 연락을 해서 데려오겠소."

"그렇게만 된다면 더 바랄 게 없지요."

오용은 졸개를 시켜 글씨를 모조하는 사람을 데려오도록 했다. 곧 가짜 편지가 만들어졌다.

"와, 정말 훌륭하군."

"채 태사의 글씨 견본품과 비교해도, 어느 것이 진짜인지 구별이 안 가는군."

산채의 두령들은 가짜 편지를 펼쳐 보며 놀라움을 금치 못했다. 조개 두령은 그 편지를 대종에게 건넸다.

"자, 이 편지를 동경 채 태사에게 직접 받아온 것처럼 능숙하게 행동해야 하네. 실수 없도록 하게."

"염려 마십시오."

대종은 산채 입구까지 마중을 나온 두령들에게 인사를 한 뒤 서둘러 강주를 향해 출발했다.

'그 동안 양산박에서 너무 시간을 많이 보냈어. 지사님이 기다리고 계실 테니 좀더 속력을 내야겠군.'

양산박의 두령들은 빠른 속력으로 날아가듯이 달려가는 대종의 뒷모습을 홀린 듯 바라보았다. 그가 떠난 뒤, 한참 뒤 산채에서는 소동이 일어났다.

"아차, 큰 실수를 했군."

오용은 갑자기 이마를 탁 치며 소리를 질렀다. 조개 두령이 오용의 얼굴을 바라보니 매우 난처한 표정이었다.

"왜 그러시오?"

"어쩌면 대종과 송강이 난처한 지경에 빠질지도 모르겠군요."

조개 두령은 무언지 심상치 않은 일이 있음을 눈치챘다.

"이제 송강을 구하러 갈 일만 남았는데 그건 또 무슨 소리요?"

"대종이 가지고 간 가짜 편지에 도장을 찍는 게 아니었소. 편지 끝에 대부분 한림채경이란 채 태사의 도장을 찍는 것이 관례이긴 하지만, 아들에게 보내는 편지라는 것을 깜빡 잊었소. 아들에게 보내는 편지에 아버지의 도장을 쓰는 사람은 없소."

"듣고 보니 그렇군. 그럼 어서 대종을 다시 불러들입시다."

오용의 설명을 들은 조개 두령은 마음이 급했다.

"이미 늦었습니다. 대종의 걸음 속도는 일반 사람이 뒤쫓아갈 수 없질 않습니까? 벌써 강주에 가까이 갔을 겁니다."

"허, 이거 참 큰일났군."

"이제 어쩔 수 없군요. 두 사람을 살려내기 위해서는 마지막 방법을 써야겠어요."

실망한 조개에게 오용은 나지막이 두 사람을 구할 방도를 일러 주었다. 그리고 여러 두령에게도 지시를 내렸다.

그 사이 대종은 강주에 도착하여 지사의 집을 찾아 보고를 올렸다. 지사는 매우 기뻐하는 얼굴로 대종을 맞았다.

"먼 길을 다녀오느라 수고가 많았네. 그만 가서 쉬도록 하게."

"그럼, 이만 물러가겠습니다."

지사 앞을 물러나온 대종은 감옥에 있는 송강을 찾아갔다.

"동경은 잘 다녀왔소?"

"예, 그보다 드릴 말씀이 있습니다. 귀 좀 빌립시다."

대종은 주변을 두리번거리며 잔뜩 긴장한 얼굴로 송강에게 속삭였다.

"사실은 동경으로 올라가는 길에 양산박에 들렀소. 조개 두령을 비롯한 여러 두령을 만나서 송강 어른의 일을 의논했으니 곧 좋은 소식이 있을 것이오."

"그게 사실이오?"

"쉿, 목소리를 낮추십시오. 일의 경과는 천천히 알려 드리겠습니다."

대종은 송강에게 다음에 다시 들르겠다고 약속을 한 뒤 그 곳을 나왔다. 한편, 동경에 있는 아버지의 편지를 뜯어 본 지사는 고개를 끄덕이며 중얼거렸다.

"그래, 아버지 말씀처럼 여기서 송강의 문제를 처리하지 말고 동경으로 올려 보내는 것이 좋겠어."

마침 군졸이 들어와서 황문병이 왔다고 알렸다.

"들어오라고 해라."

황문병은 지사가 권하는 자리에 앉았다.

"마침 부르러 가려던 참이었는데 잘 오셨소."

"동경으로 사람을 보냈던 일은 어떻게 됐나요?"

"자네 덕분에 모든 일이 잘 되었소. 아버님께서 알아서 하시겠다고 송강을 동경으로 올려 보내라는 편지와, 이번에 공을 세운 사람들에게 상을 내리겠다고 했소."

"아니, 그럼 벌써 심부름꾼이 동경에 다녀왔단 말씀입니까?"

지사의 말에 황문병은 믿어지지 않는다는 얼굴이었다. 지사는 아버지 채 태사의 편지를 꺼내 보여 주었다.

"자, 이게 아버님께서 보내 주신 답장이오."

아첨꾼 황문병은 편지를 읽다가 고개를 갸웃거렸다.

"왜, 뭐가 잘못 됐소?"

"분명 이 편지가 채 태사님께서 보내신 건가요?"

황문병은 무언가 의심스러운지 편지의 이곳 저곳을 자세히 살폈다. 그리고 마침내 확신을 한 듯 한 마디 던졌다.

"이 편지는 가짭니다."

"자네 지금 뭐라고 했나? 편지가 가짜라고?"

"그렇습니다."

"대체 무슨 근거로 그런 말을 함부로 하나?"

지사는 놀랍기도 하고 한편으로는 매우 언짢기도 했다.

"먼저 한 말씀 여쭙겠습니다. 예전에도 집안간의 편지에 태사 어른의 도장이 찍힌 적이 있나요? 부모 자식 간의 편지에 굳이 도장을 쓸 필요가 없다는 말씀입니다."

"그러고 보니……."

가만히 생각해 보니 그럴 듯한 말이었다.

"자네 말이 맞아. 전에도 내게 보내신 편지에는 도장이 없었던 것 같아. 그럼 도대체 이 일이 어떻게 된 거지?"

"우선 편지를 심부름시킨 사람에게 물어 보십시오."

"그게 좋겠군. 대종은 동경에 가 본 적이 거의 없기 때문에 그가 거짓말을 했다면 금방 알 수 있을 거야."

지사는 황문병에게 옆방에 가 있으라고 한 뒤, 하인을 시켜 대종을 불러 오도록 했다.

"찾으셨습니까?"

"그리 앉게. 물어 볼 말이 있으니 사실대로 이야기하게."

대종이 자리를 잡고 앉자 지사는 굳은 얼굴로 말했다.

"동경에 갔을 때 어느 문을 통해 들어갔느냐?"

"제가 동경에 도착했을 때는 이미 날이 어두워 잘 보지 못했습니다."

"그럼 채 태사의 집에서 너를 맞아 준 사람이 늙은 하인이 맞느냐?"

갑작스런 지사의 물음에 대종은 등에서 식은땀이 났다.

'무슨 이유로 나에게 이런 일들을 묻는 걸까? 가 보지도 않은 동경 채 태사의 집에 대해 어떻게 안단 말인가?'

대종은 일단 채 태사가 말하는 그대로 대답을 할 수밖에 없었다.

"예, 늙은 노인이 지사님의 편지를 받아 안으로 들어갔습니다. 그날 밤 날도 저물어 사랑채에서 하룻밤 묵은 뒤 다음 날 노인이 건네주는 답장을 받아서 돌아왔습니다."

"이놈! 여기가 어디라고 그런 거짓말을 함부로 하는 게냐? 문지기 노인은 이미 세상을 떠난 지 오래되었다. 게다가 아버님의 답장을 받으려면 사흘을 기다려야 한단 말이다. 이래도 할말이 있느냐?"

지사의 꾸지람에 대종의 얼굴은 이미 사색이 되었다.

"아닙니다. 뭔가 잘못 아신 겁니다."

"그래도 저놈이 주둥아리를 놀리고 있구나! 저놈을 끌어내 바른 말을 할 때까지 매우 쳐라!"

대종은 형틀에 몸이 묶이어 심한 매질을 당했다. 살이 터지고 피가 흘렀다. 그러나 대종은 입을 열지 않았다.

"지독한 놈이로군! 그럼 한 가지만 묻겠다. 이번 일은 양산박 도둑놈들이 시킨 짓이 맞느냐?"

"아니오, 나 혼자 송강 형님을 구해 내기 위해 한 짓이오."

"아직도 정신을 못 차렸군. 오늘은 그만 큰칼을 씌워 옥에 가두어라."

심한 형벌에도 결국 입을 열지 않은 대종은 군졸들에게 끌려 나갔다. 다시 황문병과 자리를 함께 한 지사는 그를 칭찬해 마지않았다.

"자네 말이 맞았네. 그놈이 들고 온 편지는 가짜였네."

"이번 일의 뒤에는 분명 양산박 도둑 떼들이 있습니다. 송강과 대종을 그대로 두었다가는 양산박에서 언제 또 무슨 짓을 꾸밀지 모르니 서둘러 저들을 처형하시는 게 좋겠습니다."

결국 송강과 대종은 7월 17일 정오에 사람들이 모인 자리에서 처형을 하기로 결정되었다.

"혹시 모르니 처형장 앞에 군졸 5백 명을 대기시켜 놓아라."

"분부대로 하겠습니다."

드디어 처형 시간이 다가오자 송강과 대종을 옥에서 끌어낸 군졸들은 그들을 앞세우고 처형장으로 향했다.

"지사님이 곧 나오실 테니 송강은 남쪽을 향해 앉히고, 대종은 북쪽을 향해 앉혀라."

이미 사형장의 분위기는 극도로 긴장되어 누구 하나 소리를 내는 사람이 없었다. 이 때, 사형장의 동쪽에서 웅성거리는 소리가 들리자, 그곳에 모인 사람들은 목을 길게 빼서 그쪽을 기웃거렸다.

"무슨 일이지?"

"글쎄."

"아니, 저건 뱀이 아닌가?"

사람들의 시선이 집중된 곳에 뱀을 흔들며 거지 떼들이 몰려나왔다. 혹시라도 뱀에게 물릴까 봐 사람들은 여기저기로 길을 비켜 주었다.

"어서 저리로 비키지 못해!"

포졸들은 안간힘을 쓰며 뱀을 든 거지 떼들을 몰아냈다. 그러자 이번에는 서쪽과 남쪽에서 약 장수와 짐꾼들이 사람들 틈을 비집고 튀어나왔다. 이 사이 지사는 송강과 대종에게 사형 명령을 내렸다.

"저 놈들의 목을 베라!"

옥졸들이 사형수들의 목에 채웠던 큰칼을 벗겨 냈다. 이어서 망나니들이 칼에 술을 뿌리며 춤을 추기 시작했다.

"뗑뗑뗑……."

갑자기 꽹과리와 징 소리가 사방에서 들리더니 조금 전의 거지 떼와 짐꾼과 약장수들이 한꺼번에 몰려들어 사형장을 난장판으로 만들었다.

그 때, 얼굴이 시커먼 날쌘 사나이가 도끼를 휘두르며 송강과 대종을 베려던 망나니들을 단숨에 내리쳤다. 그리고 처형장을 지키고 있던 군졸들에게 달려들어 닥치는 대로 도끼를 휘둘렀다.

"흑선풍 이규다!"

군졸들은 그 곳을 벗어나 사방으로 달아났다. 지사는 이 광경을 보고 겁이 덜컥 났으나 군졸들을 향해 명령을 내렸다.

"도망가는 놈들은 엄벌을 내릴 것이다. 어서 저 놈들을 잡아라!"

그러나 이미 군졸들은 저 살기에 바빠 거의 도망을 친 상태였다. 주변에 군졸들이 거의 남아 있지 않은 것을 안 지사도 하는 수 없이 뒤돌아 말을 몰아 도망갔다. 군졸들을 상대로 싸운 거지 떼와 짐꾼들은 양산박의 호걸들이었다. 오용의 계획대로 이 곳에 숨어 들어오기 위해 변장을 한 것이었다.

"이제 두 분을 구했으니 어서 산채로 돌아갑시다."

조개 두령이 후퇴 명령을 내렸다. 곧 조개를 만난 송강과 대종은 자신들의 눈을 비비며 반가움을 나타냈다.

"아니, 이게 누구십니까?"

"그 동안 고생이 많았소. 이제 우리와 함께 양산박으로 갑시다."

그들은 서로 붙들고 목을 놓아 울었다. 이미 죽은 목숨이라고 생각했는데 이 곳에서 양산박의 여러 두령들을 만날 줄은 꿈에도 몰랐던 것이다.

"다시 관군들이 몰려오기 전에 배를 구해 강을 건너야겠소."

"저희들이 배를 구해 보도록 하겠습니다."

원씨 3형제가 선뜻 나섰다. 그들은 강기슭으로 헤엄쳐 나갔다.

"저길 보십시오. 배 3척이 이리로 오고 있습니다."

"가까이 가서 누구의 배인지 알아보고 오너라."

조개의 명령을 받은 졸개들이 급히 확인을 하고 돌아와 보고를 했다.

"기뻐하십시오. 산채의 장순 두령이 우리를 위해 마중을 나오는 길입니다. 어서 저리로 가서서 배에 오르십시오."

모두들 기뻐하며 배에 오르려는 순간, 대종이 머뭇거리며 말했다.

"먼저 가십시오. 저는 아직 해야 할 일이 남아 있습니다."

"무슨 일인데 그러나?"

"송강 형님과 저를 곤경에 빠뜨린 황문병 그 놈을 그냥 놔 둘 수가 없습니다. 그 놈을 처치한 후에 여러분의 뒤를 따르겠습니다."

조개를 비롯한 산채의 호걸들은 고개를 끄덕였다.

"듣고 보니 그렇군. 그럼 우리도 함께 간사한 황문병을 잡는 일을 돕도록 하겠소."

"아닙니다. 저 혼자면 됩니다."

"이제부터 우리는 한 형제간이나 다름없는 사이인데 대종 자네가 다시 위험한 지경에 빠지는 것을 그냥 두고 볼 수가 없네."

결국 대종과 양산박의 호걸들은 황문병이 사는 무위군으로 쳐들어갈 준비를 한 뒤, 날이 저물기만 기다렸다. 이 무렵 황문병은 양산박 호걸들이 사형장에 몰려와 대종과 송강을 구출해 가는 것을 지켜보고는 서둘러 집으로 돌아와 있었다.

'도적놈들에게 내 모습이 발견되는 날로 나는 끝장이다. 잠잠해질 때까지 집에서 조용히 숨어 지내야겠다.'

날이 저물기 시작하자 어디선가 시뻘건 불길이 치솟아 올랐다.

"불이야!"

황문병의 집 근처에서 사람들이 뛰쳐나오며 소리를 질러댔다. 불길은 황문병의 집 뒤쪽에서 시작되어 점점 근처로 번져 나갔다.

"이게 무슨 소리냐?"

"어서 피하십시오. 여기까지 불이 번졌습니다."

급히 집을 뛰쳐나온 그는 사방을 두리번거렸다.

'뭔가 이상한데? 아무래도 안 되겠어. 집 뒤 지름길로 해서 이 곳을 벗어나야겠다.'

막 몸을 돌리려는 순간 웬 사나이가 그의 앞을 가로막고 나섰다.

"이놈! 네 죄를 아느냐?"

"당신은……."

이규가 황문병의 가슴을 사정없이 걷어찼다.

"윽! 제발 목숨만 살려 주십시오."

"흥, 죄 없는 사람을 죽이는 것은 괜찮고 제 목숨은 아까운 모양이지. 너 같은 놈을 살려 두었다간 앞으로 무슨 나쁜 짓을 할지 모르지."

그 때 대종이 이 모습을 보고 호루라기를 힘차게 불었다. 이 소리를 신호로 이규는 도끼를 높이 들어 황문병을 내려쳤다.

혼이 난 이규

드디어 송강과 대종을 데리고 양산박으로 돌아온 호걸들은 축배의 잔을 높이 들었다. 조개가 먼저 말을 꺼냈다.

"오늘부터 양산박의 첫째 두령은 송강 형장으로 모십시다. 제가 그 뒤를 이어 둘째 두령의 자리에 앉을 것이니 허락해 주시오."

"아니, 그게 무슨 말씀이오?"

조개의 난데없는 말에 송강은 펄쩍 뛰었다.

"거절하지 마시고 이 산채를 맡아서 이끌어 주십시오."

"이렇게 불편한 자리를 만드시면 저는 그만 이 곳을 떠날까 합니다."

서로 자리를 권하다가 결국 조개가 첫째 두령의 자리를 그대로 지키고 송강이 둘째 두령에, 오용이 셋째, 공손승이 넷째, 그리고 임충, 유당, 원씨 3형제, 두천, 송만, 주귀, 백승의 순으로 자리가 매겨졌다. 그 뒤로도 화영, 진명, 대종, 이규 등 무술 솜씨가 뛰어난 호걸들이 속속 양산박으로 모여들었다. 송강이 온 뒤로 새로이 조직이 만들어지면서 군사 훈련이 더욱 강화되었다.

이 즈음 새로운 사건이 일어났다. 항상 호걸들에게 후한 대접을 해 주는 소선풍 시진에게는 시황성이라는 숙부님이 한 분 계셨다. 시진의 숙부는 고당주라는 곳에 매우 큰 화원을 지닌 저택에서 살고 있었다.

당시 고당주 지사는 동경에서 둘째 가라면 서러워할 고구의 조카 고렴이라는 사람이었다. 은천석이라는 사람은 고렴의 처남으로 그의 세력만 믿고 온갖 나쁜 짓은 다 하고 돌아다니는 불량배였다.

하루는 은천석이 불량배 친구들을 데리고 시황성의 집을 찾아왔다.

"얘들아, 저기 꽃밭에 가서 좀 놀다 오너라."

"거 재미있겠는걸."

은천석을 따라온 불량배들은 시황성이 온 정성을 다해 가꾸어 놓은 화원에 들어가 꽃들을 마구 짓밟아 놓았다.

"아니, 이게 무슨 짓들인가?"

"이제 이 집은 내가 살 테니 그만 가 보시오."

"지금 무슨 말을 하는 건가?"

"이 늙은이가 사람 말을 못 알아듣는 모양이군. 그럼 다시 한 번 말해 주지. 이 집은 앞으로 내 집이란 말이오.”

시황성은 기가 막혀 말도 제대로 나오지 않을 정도였다.

“뭘 잘못 알고 오신 모양인데, 이 집은 황제로부터 받은 것이오. 아무도 이 집에 손을 댈 수는 없소.”

“말로 해서는 안 되겠군.”

은천석과 불량배들은 시황성의 얼굴과 몸을 가리지 않고 마구 때리고 발로 찼다. 억울한 심정에 몸져눕게 된 시황성은 시진에게 사람을 보내 이 일을 알렸다. 이 때 마침 시진의 집에는 이규가 송강의 심부름을 하기 위해 와 있었다.

“허, 그게 정말이냐? 세상에 그런 몹쓸 놈이 있다니.”

“지금 주인 나리께서는 몹시 위독하십니다.”

“알겠다. 곧 떠날 채비를 할 테니 기다려라.”

시진이 급히 시황성의 하인과 집을 나서려는데 이규가 나섰다.

“저도 같이 가도록 해 주십시오. 도움이 될 일이 있을 겁니다.”

다음 날 고당주에 도착한 시진과 이규는 즉시 숙부가 있는 방으로 들어갔다. 시황성은 몹시 편찮아 보였다.

“숙부님, 저 시진입니다.”

“네게 부탁이 있다. 이제 내 생명이 얼마 남지 않은 것 같구나. 부디, 나를 이렇게 만든 은천석을 찾아가 원수를 갚아 다오.”

시진을 본 숙부 시황성은 이 말을 남기고 그만 숨을 거두고 말았다. 시황성이 죽고 나서 얼마 지나지 않아 은천석이 불량배들을 거느리고 다시 나타났다.

“아니, 아직도 이 집에 있는 짐들을 옮겨놓지 않았잖아?”

투덜거리는 은천석 앞에 나타난 시진이 조용히 타일렀다.

“소란 피우지 말고 그만 돌아가시오. 며칠 전에 이 집의 어른이 돌아가셨기 때문에 경황이 없소."

"쳇, 그 늙은이가 죽었다고?"

"말씀이 지나치군. 숙부님이 돌아가신 것도 모두 네놈 때문이야!"

시진은 은천석을 무섭게 노려보며 엄하게 꾸짖었다.

"호, 나를 그렇게 노려보면 어쩌겠다는 거야? 네놈은 어디서 굴러먹다 온 놈이냐?"

"창주에 사는 소선풍 시진이다."

"내가 누군지 모르는 모양이군. 얘들아! 저 거만한 놈을 당장 결박을 지어라!"

은천석의 명령을 받은 불량배들이 떼거지로 몰려들어 시진을 둘러쌌다. 이 광경을 조금 전부터 문틈으로 엿보고 있던 이규가 문을 박차고 뛰어나왔다.

"이놈!"

이규는 그대로 은천석의 얼굴을 도끼로 내리쳤다. 외마디 비명을 지르며 은천석은 그 자리에서 죽고 말았다.

"이런, 자네가 큰 실수를 했군. 이 일을 어쩐담?"

시진은 몹시 난감했다.

"우선 자네는 뒤뜰로 가서 어서 양산박으로 몸을 피하게. 뒷일은 내가 알아서 할 테니 서두르게, 어서!"

이규가 양산박으로 떠난 뒤 달려온 포졸들은 시진을 끌고 갔다. 양산박으로 돌아온 이규는 조개 두령을 만나 그 동안 있었던 일을 자세히 이야기했다.

"자네 때문에 시 대관인이 고초를 겪겠군. 우선 걸음이 빠른 대종을 보내 그 곳 사정을 알아봐야겠다."

고당주로 떠난 대종이 며칠 뒤 돌아왔다.

"두령님의 짐작대로 지금 시 대관인은 은천석을 죽인 이규를 뒤로 빼돌린 죄로 대신 감옥에 갇혀 심한 고통을 겪고 있습니다. 어서 구해 내지 않으면 목숨이 위태로울 것입니다."

조개 두령은 곰곰이 생각을 했지만 별다른 방법이 떠오르지 않았다.

"고당주로 부하들을 몰고 쳐들어가는 수밖에 없군."

"시 대관인의 신세를 졌던 일이 있으니 이번 일은 제가 오용과 상의를 해서 출전하도록 허락해 주십시오."

조개의 허락이 떨어지자 송강은 임충에게 5천 명의 부하를 주어 앞장을 서게 한 뒤, 자신은 오용, 대종 등과 함께 3천 명의 기병과 보병을 거느리고 뒤를 따랐다.

"뭐야! 양산박의 도둑놈들이 이리로 오고 있다고? 우직 장군! 자네가 앞장을 서서 저 놈들을 혼내 주게."

고당주의 지사인 고렴은 성 안의 군사를 모은 뒤, 우직 장군을 내세워 임충과 싸우도록 했다. 우직은 임충과 몇 합 겨루어 보지도 못하고 그만 말에서 굴러 떨어졌다. 이 광경을 본 고렴은 화가 치밀어올랐다.

"어디 맛 좀 봐라!"

고렴이 등 뒤에 있던 칼을 빼 들고 뭐라고 중얼거리자 갑자기 검은 구름이 몰려와 모래를 일으켰다.

"앗, 이게 뭐야?"

"모래가 눈에 들어가 앞을 볼 수가 없어."

모래 바람에 양산박의 군사들은 우왕좌왕했다. 한참을 뒤로 후퇴한 부하들은 뒤따라온 송강에게 이 사실을 알렸다.

"고렴이 도술을 쓴 모양이로군. 우리 쪽에서 도술을 쓸 줄 아는 사람은 공손승 선생뿐인데, 지금 고향 소주로 가고 없으니. 대종 형님이 모시고 와야겠습니다."

오용은 난처한 표정을 지으며 대종을 바라보았다. 곧 대종은 이규와 함께 소주로 길을 떠났다.

열흘이 걸려 소주에 이른 두 사람은 공손승이 있는 곳을 찾아 나섰으나 찾을 길이 없었다. 헤매고 다니기를 사흘째 되던 날, 주막에 들러 음식을 시켰다. 마침 노인 하나가 들어와 그들과 같은 음식을 주문했다. 잠시 후, 내온 음식을 노인이 먼저 먹기 시작했다.

"저 늙은이가 우리가 시킨 음식을 먹고 있네."

공손승을 아직까지 찾지 못한데다가 배가 고팠던 터라, 이규는 노인이 음식을 들고 있던 식탁을 꽝 하고 내리쳤다.

"지금 뭐 하는 짓이오?"

음식은 노인의 얼굴과 옷에 튀겨 엉망이 되었다. 노인이 이규를 나무라자 이규는 다시 한 번 소리를 지르려고 했다. 그 때 옆에 있던 대종이 나서서 이규를 말리며 노인에게 사과를 했다.

"그렇게 사과를 하니 참겠소. 허, 버릇없는 놈 같으니라고."

"노인장은 이 곳에서 오래 사신 것 같은데, 한 가지 여쭙겠습니다. 혹시 공손승이라는 분을 아십니까?"

"공손승이라……. 아, 청도인을 찾는 모양이구려. 내가 그 사람의 이웃에 사는데, 한참 집을 비우더니 요새 와서 제 어머니와 함께 살고 있지요."

두 사람은 기뻐하며 노인에게 길을 물어 공손승의 집에 도착했다.

"저 집이 맞는 것 같군. 그리로 가 보세."

공손승의 집 앞에 이르자, 한 노파가 방 안에서 나오는 것이 보였다. 곧 인사를 드린 후, 공손승을 만나러 왔다고 알렸다.

"지금 집에 없소. 돌아들 가시오."

"이 곳에 계시다는 것을 알고 왔습니다. 중요한 일이니 만나뵙게 해 주십시오."

"이 사람들이 왜 이리 말귀를 못 알아들어? 무슨 일인지 모르지만 내게 말하면, 아들이 돌아오는 대로 전해 주겠소."

그러자 성미가 급한 이규가 대뜸 노파를 위협했다.

"어서 공손승 선생을 내놓으시오. 그렇지 않으면 이 집에 불을 지를 테니 그리 아시오."

"뭐, 뭐야!"

깜짝 놀란 노파가 말을 더듬거리고 있는 사이 방문이 열리며 공손승이 밖으로 나왔다.

"밖이 왜 이리 소란스럽냐?"

"죄송합니다. 이렇게 법석을 떨지 않으면 나오시지 않을 것 같아서 그랬습니다."

방으로 들어간 그들은 공손승에게 고당주에서 벌어지고 있는 일을 자세히 이야기했다.

"그거 참 일이 어렵게 됐군. 그러나 스승이신 나진인을 모시고 도를 닦고 있는 몸이라 지금 이 곳을 떠날 수가 없소."

"제발 부탁입니다. 선생을 모시고 가지 못하는 날엔 시진은 말할 것도 없고 송강 형님도 위기를 모면하지 못할 것입니다."

공손승은 마음이 몹시 괴로웠다.

'양산박의 의형제들 모습이 눈에 아른거리는구나.'

마침내 공손승은 반허락을 하고 말았다.

"일단 스승님을 찾아 뵙고, 가도 좋다는 허락을 받게 되면 곧 가겠네."

두 사람은 공손승의 뒤를 따라 송학헌으로 가기 위해 산을 올랐다. 공손승이 손님을 데리고 들어오는 것을 본 나진인이 대뜸 물었다.

"저 손님들은 누구냐?"

"전에 말씀드린 적이 있던 양산박의 친구들입니다. 고당주에서 고렴과 맞붙어 싸우다가 난처한 처지에 놓이게 되어 저를 찾아와 도움을 청하고 있습니다. 그래서 이렇게 스승님을 뵙고 가 봐도 될지 여쭈러 왔습니다."

"어허, 아직도 모르겠느냐? 참다운 도를 닦으려면 속세의 일은 까마득히 잊어야 한다고 몇 번이나 말했느냐?"

스승 나진인은 딱 잘라 거절했다.

"보시다시피 안 되겠소. 이만 돌아가시는 게 좋을 듯하오."

예의를 갖추어 인사를 드린 공손승은 그길로 산을 내려와 두 사람을 자신의 집에 묵게 하였다.

"멀리 있으려니 그 도사인지 뭔지 하는 사람의 말을 알아들을 수가 없었소. 도대체 뭐라고 대답했나요?"

이규가 답답한 듯 물었다. 대종은 조금 전 일을 자세히 이야기하면서 아무래도 공손승의 스승 나진인을 설득하기 어려울 것 같다며 한숨을 내쉬었다.

"걱정 마시오."

이규는 그 말만을 한 뒤 곧 잠이 들었다. 이미 어둠이 사방에 내리자 이규는 모두가 잠든 것을 확인한 뒤 자리에서 일어났다. 그길로 송학헌으로 한걸음에 달려간 이규는 법당 안을 살며시 들여다보았다.

'혼자 불경을 외고 있는 모양이군.'

좋은 기회라고 생각한 이규는 법당 안으로 들어가 주저없이 나진인의 목을 도끼로 내리쳤다.

"에잇!"

나진인의 시체에서 흰 피가 줄줄 흘러내렸다. 이규는 속으로 흠칫 놀랐으나 서둘러 법당 문을 닫고 산을 내려왔다. 다음 날 대종은 눈을 뜨자 공손승에게 다시 한 번 나진인의 허락을 받아 보자고 간청했다.

"참 끈질긴 사람이군. 하지만 이번이 마지막일세."

이규는 지난 밤에 자신이 한 일을 모른 체하며 그들과 함께 송학헌으로 올라갔다. 공손승은 그 곳에 들어서며 동자에게 물었다.

"스승님께서는 어디 계시냐?"

"법당으로 가 보십시오."

동자의 대답을 들은 이규는 속으로 깜짝 놀랐다.

'이상하다, 분명 어젯밤에 내 손으로 죽였는데.'

법당 안에는 나진인이 어제와 다름없이 참선을 하고 있었다. 대종은 공손승의 스승 나진인에게 다시 한 번 간청했다.

"부디 의로운 일을 하도록 허락해 주십시오."

"자네 옆에 있는 사람은 누군가?"

"흑선풍 이규로 제 의동생입니다."

대종의 말에 나진인은 뜻밖의 말을 했다.

"이번 일에 공손승을 보낼 생각이 전혀 없었으나 이규란 자를 봐서 허락하겠네."

공손승을 비롯한 대종과 이규는 기뻐 어쩔 줄을 몰랐다.

나진인은 다시 동자를 불러 수건을 몇 장 가져오라고 일렀다.

"자, 떠나기 전에 나를 따라오시오."

그들은 관문 밖 큰 바위 위로 따라나섰다.

"공손승은 붉은 수건 위에 타시오. 푸른 수건에는 대종이 타도록 하고, 마지막으로 흰 수건에는 이규가 올라타도록 하시오."

나진인의 주문 소리와 함께 하늘로 떠오른 붉은 구름과 푸른 구름은 다시 땅으로 사뿐히 내려앉았다. 그러나 이규를 태운 흰 구름만은 그대

로 공중에 떠 있었다. 잔뜩 겁이 난 이규는 소리를 질러댔다.

"이러다 떨어지면 어쩌라고 그러십니까? 나를 어서 내려 주시오!"

"허허, 이제야 겁이 난 게로군. 간밤에 아무도 몰래 나를 도끼로 내리친 그 용기는 다 어디로 갔느냐?"

나진인이 다시 뭐라고 중얼대며 주문을 외자, 이규를 태운 흰 구름은 두둥실 어디론가 흘러가 버렸다. 이를 지켜보고 있던 대종이 걱정이 되어 한 마디 했다.

"간밤에 그런 일이 있었는 줄은 꿈에도 몰랐습니다. 저 사람은 본래 악한 사람이 아닌데 급한 성미 때문에 종종 일을 저지르곤 합니다. 부디 너그럽게 용서해 주십시오."

"걱정 마시오. 나도 이규가 나쁜 사람이 아니라는 것은 알고 있소. 단지 혼을 좀 내주려는 것뿐이오."

조금 뒤, 나진인이 다시 손을 흔들자 이규가 탄 흰 구름이 나타나더니 땅에 내려와 앉았다. 이규는 얼른 나진인 앞에 무릎을 꿇었다.

"제가 함부로 행동한 것을 용서해 주시기 바랍니다. 도사님의 도술로 제가 도착한 곳은 소주부 지사 저택의 뜰이었습니다. 갑자기 하늘에서 떨어진 저를 보고 귀신이라고 하면서 그 집 하인들이 마구 매질을 하더군요. 그래서 도사님의 첫째 제자라고 말했더니 놀라는 얼굴을 하면서 잘 대해 주었어요. 그 곳에 머문 지 열흘쯤 지나자 한 도사가 나타나 저를 다시 이 곳까지 데려다 주었습니다."

자신의 잘못을 깨달은 이규를 보고 나진인은 고개를 끄덕였다. 그리고 공손승을 바라보며 이 곳을 떠나도 좋다고 허락했다.

"이 도술은 팔개자비결로 꼭 필요할 때 사용하도록 하시오."

공손승은 나진인에게 예를 갖추어 인사를 올린 뒤, 대종과 이규와 함께 고당주를 향해 길을 떠났다.

한편, 고당주의 싸움에서 첫 대결을 승리로 이끈 고렴은 자신만만하게 송강에게 싸움을 걸어 왔다. 그러나 송강의 진지에서는 나가서 싸우려고 하지 않고 수비만 할 뿐이었다.

"공손승을 모시러 갔던 대종과 이규가 도착했다고 합니다."

"그래! 어서 이리로 모셔 오너라."

곧 작전 회의가 열렸다. 다음 날 싸우려 하지 않던 양산박의 군대가 공격을 해오자, 고렴의 군대도 성 밖으로 나와 대적했다.

양산박 편에서 앞장선 장수 화영은 고렴의 장수 설원휘를 맞아 20여 합을 겨루었다.

'이 때쯤 뒤로 물러서야지.'

화영은 밀리는 척하면서 뒤로 내빼기 시작했다.

"어디를 도망가느냐? 게 서지 못해!"

설원휘는 화영의 뒤를 쫓았다. 이 때 화영이 뒤돌아 서서 활을 겨누자 설원휘는 가슴을 맞고 말에서 굴러 떨어졌다.

"저런 약은 놈!"

고렴은 몹시 화가 나서 말안장을 걸어 둔 취수 동패를 들고 칼로 세 번 내리쳤다. 갑자기 회오리바람이 불어오더니 고렴의 군대 가운데에서 사나운 짐승들이 나타나 양산박 군대로 달려들기 시작했다.

"앗! 저기 늑대가 나타났다!"

"저쪽엔 호랑이다!"

양산박의 부하들은 달려드는 짐승들을 피해 우왕좌왕했다. 송강의 진지에서 이 모습을 지켜본 공손승이 보검을 높이 들고 주문을 외웠다. 그러자 사나운 짐승들이 흰 종이로 변하면서 하나 둘씩 땅에 떨어졌다. 송강은 곧 부하들에게 공격 명령을 내렸다.

"이 때를 놓치지 말고 공격해라!"

송강의 부하들이 성을 에워싸자 고렴은 구주로 구원병을 청하러 사람을 보냈다. 양산박의 호걸들이 고렴의 심부름꾼 뒤를 쫓았다.

"그들을 쫓지 마시오!"

오용의 명령에 양산박의 장수들은 되돌아왔다.

"이 기회를 잘 이용합시다. 우선 우리가 구원병인 것처럼 길가에서 싸움을 하는 것을 저들이 보면 분명 돕기 위해 성문을 열고 나올 것이오. 그 때 성 안으로 들어가 고렴을 사로잡으면 될 것이오."

작전을 세우고 난 며칠 뒤, 한 떼의 구원병들이 징과 북을 치며 나타났다.

"아, 드디어 우리를 도우러 구원병들이 왔다."

고렴은 급히 군사들을 앞장세우고 성 밖으로 나와 송강의 진지로 쳐들어갔다. 송강의 군대는 고렴의 눈치만 보며 슬금슬금 뒤로 후퇴했다. 이 모습을 보고 더욱 신이 난 고렴의 군대는 그 뒤를 바짝 쫓았다.

"모두 나와 적을 공격하라!"

갑자기 언덕 위에 잠복해 있던 5백여 명이 튀어나와 고렴의 군대를 공격했다. 갑작스런 기습에 군사들을 거의 잃어버린 고렴은 성으로 돌아가기 위해 말을 돌렸다.

"이럴 수가……."

이미 성 위에 나부끼는 것은 양산박의 깃발이었다. 그제야 구원병이 관군이 아니라는 것을 알게 된 고렴은 남은 병사들을 이끌고 도망을 쳤다. 그러나 십리도 가지 못하여 양산박의 호걸들에게 사로잡혔다.

송강의 군대는 고렴을 그 자리에서 죽인 뒤, 성으로 들어가 아군과 합세했다.

"먼저 군사를 풀어 시 대관인을 찾아라."

그러나 감옥을 모두 뒤져 보아도 시진의 모습은 찾을 길이 없었다.

오용이 나서서 옥졸들을 모두 불러 모았다.

"너희들 중에 시진이란 죄인을 본 적이 있느냐?"

"모르겠습니다."

여러 옥졸들은 고개를 저었다. 그 때 한 옥졸이 머뭇거리며 나섰다.

"제가 알고 있기는 합니다만 죽었는지는 살았는지는 알 수 없습니다."

"그게 정말이냐? 어디 무슨 일이 있었는지 자세히 말해 보거라."

"사실은 지사의 명령으로 시 대관인을 지키다가 며칠 전 지사로부터 죄인을 죽여 버리라는 명령을 받았습니다. 시 대관인이 보통 분이 아니라는 것을 안 저는 지사의 눈을 피해 그분을 몰래 뒤뜰에 있는, 물이 마른 우물 속에 집어넣었습니다."

오용의 보고를 받은 송강은 옥졸과 함께 그 우물가로 가 보았다.

"시 대관인! 거기 있으면 대답하시오."

우물 안으로 머리를 집어넣고 소리를 질러 보았으나, 돌아오는 소리가 없었다. 송강은 온몸에서 힘이 빠져 나가는 듯했다.

"아직 실망하기엔 이릅니다. 제가 광주리를 타고 우물 속으로 들어가 보겠소."

이규가 앞으로 썩 나서더니 옥졸이 가지고 온 대광주리를 타고 우물 속으로 들어갔다. 얼마 후, 우물 속에서 이규의 말소리가 들려왔다.

"줄을 끌어당겨 주시오."

걱정스런 눈길로 우물 속을 바라보던 호걸들은 광주리에 실려 올라온 사람을 보고 깜짝 놀랐다. 그토록 애타게 찾던 시진이 정신을 잃은 채 나타났다. 다시 한 번 광주리가 내려졌고 이번엔 이규가 타고 올라왔다.

"오, 시 대관인이 살아 있었군."

송강을 비롯한 양산박의 호걸들은 그를 얼싸안고 눈물을 흘렸다. 그들은 정신을 차린 시진과 함께 고당주 싸움에서 얻은 재물을 가지고 양산박으로 향했다.

조카 고렴이 양산박 호걸들에게 죽음을 당한 사실을 뒤늦게 전해 들은 고구는 즉시 황제에게 아뢰었다.

"들리는 소문에 의하면 양산박의 도둑 떼들이 백성들이 사는 고을을 함부로 침범하여 재물을 빼앗아 간다고 합니다. 며칠 전에는 고당주에서 관군들과 대적하여 성을 빼앗은 뒤 무기와 재물을 가져갔다고 하니, 더 이상 저들을 내버려두었다간 무슨 짓을 할지 모르겠습니다. 서둘러 손을 써야 할 것입니다."

"괘씸한 놈들!"

황제는 곧 하동의 명장군 호연작을 병마 지휘사로 임명한 뒤 하루에 천 리를 달린다는 척설오추마를 내렸다. 그리고 선봉 대장에 백승 장군 한도를, 부선봉장에 팽기를 정하고 정예 부대 만 명을 주어 양산박을 치도록 했다.

이 소식이 양산박에 전해지자, 조개를 비롯한 여러 두령들이 모여 앉아 회의를 열었다. 이번에도 조개는 산채에 남기로 하고 둘째 두령인 송강이 총지휘를 맡기로 했다. 선봉은 진명, 임충, 화영, 여장부 일장청, 호삼랑의 순서로 정한 뒤, 송강은 두령 열 명과 후진을 책임지기로 했다.

어느 새 만 명의 관군을 거느린 호연작이 양산박 가까이 왔다는 보고가 들어왔다.

"이제 너희들은 모두 죽은 목숨이다!"

호연작이 양산박 호걸들을 향해 큰소리를 치자, 진명이 이를 참지 못하고 말을 몰아 내달았다. 관군 쪽에서는 한도가 앞으로 나섰다.

서로 싸우기를 20여 합에 이르자 한도가 뒤로 내뺐다. 이번엔 호연작이 직접 나섰고, 양산박에선 임충이 대적했다. 한참이 지나도 승부가 나지 않자, 제3진에 있던 화영이 임충을 향해 소리를 질렀다.

"임 두령, 잠시 쉬시오. 내가 저놈을 잡아 오겠소."

임충이 양산박의 진지로 돌아서자, 임충의 대단한 무술 솜씨에 겁이 난 호연작이 말을 몰아 관군 쪽으로 내달았다.

부러진 깃대

여러 차례 싸움이 붙었으나 승부가 나지 않았다. 그러나 결국 관군의 부선봉장이었던 팽기가 양산박의 여장부 호삼랑에게 잡히는 신세가 되자, 호연작은 작전 회의를 통하여 진을 새롭게 펼쳤다.

"잘 들어라. 이번 작전은 3천 기의 군마를 한 부대로 말 30마리씩을 쇠고리에 묶어 말과 사람이 한몸이 되어 행동하는 연환마이다. 2백 대의 연환마 뒤에는 보병이 숨어 있다가, 때에 따라 공격을 했다간 숨곤 하는 것이다. 알겠느냐?"

새로운 작전을 전혀 알지 못하는 송강은 이튿날 날이 밝아오자, 군사를 5대로 나누어 공격을 했다. 그러나 적진에서 아무 대응이 없자 우선 공격을 중단시켰다. 그 때였다. 적진의 1천 명의 보병이 좌우로 길을 열면서 연환마군이 활을 쏘며 공격을 해왔다.

"앗! 기습 공격을 당했구나."

놀란 송강은 전세를 가다듬어 부하들에게 서둘러 활을 쏠 것을 명령했으나, 이미 때가 늦어 군사들은 사방으로 흩어졌다.

송강의 주변에 있던 열 명의 호걸들이 그를 보호하여 겨우 물가에 이르렀다. 원씨 3형제를 비롯해 몇몇 수군 두령들이 그들을 맞았다.

"흠, 두령들은 다친 사람이 없으나 이번에 많은 군사들을 잃었소."

산채에서 곧 조개를 호위하고 오용과 공손승 등이 내려왔다. 송강은 그들을 볼 면목이 없어 고개를 숙였다.

"송강 두령, 싸움이란 늘 이길 수는 없는 법이오. 오늘은 그만 하고 산채로 올라갑시다."

산채로 돌아온 오용이 연환마를 이겨낼 방법을 설명했다.

"연환마를 대적할 무기는 구겸창이라는 것입니다."

"그걸 어디서 구하면 되오?"

"먼저 동경에 사는 서녕을 이곳으로 데려와야 합니다. 그 무기를 만드는 법과 사용법은 그 사람만이 알고 있습니다."

오용은 서녕을 잘 알고 있는 임충에게 심부름을 시켰다. 곧 하인의 모습으로 변장한 임충은 대종과 함께 길을 떠났다. 그 동안 산채에서는 관군을 맞아 수비에만 힘을 기울이기로 결정했다.

"쾅! 쾅!"

양산박 산채에 어느 날 굉장한 소음과 함께 불덩어리가 날아왔다. 몇 발이 산채에 떨어지자 군사들은 도망가기에 바빴고, 양산박은 엉망이 되었다.

"저건 또 뭔가?"

"굉천뢰 능진이 한 짓일 겁니다. 아마 고구가 호연작을 지원해 주기 위해 능진을 보낸 듯합니다. 능진을 잡아 우리 편을 만드는 수밖에 없습니다."

양산박에서는 임충이 돌아올 때까지 적을 상대하지 않기로 했던 계획을 바꾸어, 수군 대장 이준을 비롯해 50명 정도의 수군을 포 진지 앞으로 내보냈다.

적진에서도 능진이 군사 1천 명을 끌고 물가에 나타났다. 이미 물가 근처에 작은 배 수십 척이 늘어서 있었다.

"저 배의 뒤를 쫓아라!"

배는 생각보다 쉽게 잡히지 않았다. 어느덧 관군은 강 한가운데까지 따라붙었다.

"삐익!"

어디선가 호각 소리가 들리며 갈대숲 속에서 수십 척의 배들이 능진의 배를 공격해 왔다. 도저히 당해낼 수가 없자, 능진은 항복을 하고 말았다. 양산박의 두령들은 그를 데리고 산채로 돌아갔다.

마침 산채에는 동경에 갔던 임충과 대종이 구겸창의 비법을 아는 서녕을 찾아 돌아와 있었다. 밤이 깊자, 구겸창 부대가 강을 건너 몇 부대로 나누어 숨어 있다가 해가 떠오르자 반대편 언덕으로 건너갔다.

연락병의 급한 보고를 들은 호연작은 서둘러 명령을 내렸다.

"겁낼 것 없다. 연환마로 무찔러라!"

호연작은 곧 연환마를 몰아 양산박 본진으로 쳐들어왔다. 산채에서는 전혀 싸울 생각을 하지 않고 후퇴 명령을 내렸다. 호연작의 관군들이 깊이 몰려오자, 갈대숲에 숨어 있던 구겸창 부대가 긴 창을 휘두르며 달려나왔다. 말의 다리와 몸통을 걸어서 당기자 한 개의 고리로 연결된 3천 마리의 말들이 놀라 마구 뛰었다.

"후퇴하라!"

안 되겠다 싶어 호연작이 급히 후퇴 명령을 내리는 순간, 하늘을 뒤흔드는 포 소리가 요란하게 들려왔다.

"이 소리는 능진이 쏘는 포 소린데."

능진이 양산박의 도둑들을 돕고 있다는 것을 안 호연작은 화가 머리 끝까지 치밀어올랐다. 그뿐만이 아니었다. 북쪽에서 도화산, 이룡산, 백호산의 깃발을 높이 든 이충, 주통, 노지심, 양지, 이랑, 무송이 합세했다.

"관군에 대적하는 양산박을 도우러 왔소."

호연작과 한도는 그 기세에 눌려 도망을 치지 시작했다. 내빼기에 경황이 없던 그들은 그만 산채에서 쳐놓은 함정에 빠지고 말았다.

"앗!"

결박을 당한 적진의 두 장수는 산채로 끌려갔다.

"이왕 붙잡힌 몸이 되었으니 우리 편이 되어 주시오."

조개는 직접 두 장수의 결박을 풀어 준 뒤, 예의를 갖추어 대접해 주었다. 이에 호연작과 한도는 그들의 뜻을 받아들이기로 했다.

한편, 동경에서는 관군의 모든 장수들이 양산박 부대에 포로가 된 뒤 도둑 떼에 가담했다는 소식을 전해 듣고 서둘러 영웅들을 불러들였다.

"능주성 증두시라는 곳에 증장자 오형제가 호걸이라는 소문이 있다. 또 그들을 가리킨 사문공도 뛰어난 사람으로 알고 있다. 이들 영웅들을 찾아 오너라."

고구는 증장자의 오형제와 그들에게 무예를 가르친 사문공에게 양산박을 무찌르도록 했다.

이 즈음, 금나라 왕자의 명마로 알려진 조야옥사자마라는 말을 훔친 단경주라는 젊은이가 그 말을 송강에게 바치기 위해 양산박으로 가던 도중에 증장자의 오형제에게 어이없게 말을 빼앗기고 말았다.

"이 놈들을 내가 가만 안 놔둘 테다."

단경주는 서둘러 양산박에 도착했다. 그는 조개 두령을 찾아 명마를 빼앗긴 이야기를 하면서, 증장자의 오형제와 스승 사문공이 고구의 편이 되어 양산박으로 쳐들어올 준비를 하고 있다고 알려 주었다.

"허, 그게 사실이냐?"

"그렇습니다. 그들이 하는 이야기를 분명 제 귀로 들었습니다."

"증장자 오형제가 내게 무슨 원한이 있길래 군대를 몰아 이 곳을 공격해 온단 말이냐? 내가 직접 그 놈들을 혼내 주어야겠다."

조개 두령은 그길로 직접 20여 명의 두령과 5천 명의 부하를 거느리고 산채를 떠나 산을 내려갔다. 송강, 오용, 공손승이 조개 두령의 뒤를 따라 배웅을 하고 돌아서려고 할 때였다. 어디선가 한 줄기 바람이 휙하니 불어왔다.

"아, 저기 좀 보십시오."

"이거 참……."

갑자기 불어온 바람이 조개의 군기가 달린 깃대를 부러뜨렸다. 여러 두령들은 서로의 얼굴을 마주 보며 불안한 기색을 보였다.

"안 되겠습니다. 오늘은 다시 산채로 돌아가시고 다른 날을 택하시는 게 좋을 듯합니다."

"그게 무슨 소리요? 저따위 깃대 한 개가 부러진 걸 가지고 이왕 나선 군대를 다시 돌리다니."

오용이 조개 두령을 말렸지만 그는 듣지 않고 그대로 군사들을 이끌고 금사탄으로 건너갔다. 할 수 없이 산채로 돌아온 송강은 대종에게 지시를 내렸다.

"너는 조개 두령님의 소식을 알아 오너라."

조개가 증장자의 오형제와 싸우기 위해 증두시에 도착하자, 이미 기다리고 있었다는 듯이 7, 8백 명의 인마가 앞으로 내달았다. 앞장을 선 장수는 증장자의 넷째 아들인 증괴로 큰 소리를 지르며 앞으로 나섰다.

"어서 오너라! 마침 네놈들을 잡아다 관가에 바치려고 기다리고 있던 참이었다."

양쪽 군대가 어울려 싸우기 시작했다. 그러나 증괴의 군사들은 양산박의 군사들을 당해 낼 수가 없었다. 증괴는 군사들에게 후퇴 명령을 내린 뒤 급히 말을 돌려 성 안으로 들어가 버렸다.

"비겁하게 어디로 도망을 가느냐?"

조개가 성벽을 올려다보며 소리를 지르자, 증장자의 오형제가 욕을 해댔다. 그러더니 사문공이 나서서 소리쳤다.

"흥, 아직도 그대로 있다니 죽고 싶은 게로군."

사문공이 군졸들에게 활을 쏘라고 명령을 내렸다. 갑자기 성 안에서 화살이 빗발치듯 쏟아졌다. 갑작스런 공격에 조개는 부하들에게 급히 물러나라고 지시를 내렸다. 조개 역시 막 말머리를 돌리려는 순간, 그만 화살 한 개가 그의 목에 박혔다.

"윽!"

조개는 비명을 지르며 말에서 굴러 떨어져 그만 숨을 거두었다.

"조개 두령님을 구출하라!"

뒤늦게 달려온 원씨 3형제와 유당, 백승은 눈물을 머금고 조개의 시체를 말에 싣고 돌아왔다. 후진에 서 있던 임충이 이 사실을 알고 군대를 거두어 산채로 돌아갔다. 양산박의 모든 두령들은 조개의 죽음을 슬퍼하며 정성을 다하여 장례식을 치렀다.

"우선 전투를 앞에 두고 있으니 마냥 슬퍼할 수만은 없소. 조개 두령의 뒤를 이어 송강을 새 두령으로 모셔서 군사들을 정비해야 할 것이오."

조개의 상이 끝날 무렵, 북경의 호걸 노준의가 양산박에 새로이 들어옴으로써 산채의 세력은 더욱 강해졌다.

이번에는 조개의 원수를 갚기 위해 노준의를 앞에 내세워 증두시로 쳐들어갔다. 그러나 증장자 오형제와 사문공은 양산박 호걸의 기세에 눌려 도무지 성 안에서 나와 싸우려 들지 않았다.

"적들이 시간만 끌고 있으니 우리 쪽의 피해가 크구나. 아무래도 일단 조금 뒤로 후퇴한 뒤 야영을 하기로 하자."

송강의 말에 오용이 계략을 일러 주었다.

"그렇게 하시는 게 좋겠습니다. 일단 우리들이 뒤로 물러간 것을 알면 적들이 틀림없이 어두운 밤을 틈타 공격을 해올 것입니다. 그 때 군사들을 숲 속에 숨겨 두었다가 불시에 공격을 하면 됩니다."

오용이 일러준 대로 송강은 모든 군사들을 숲 속에 숨으라고 한 뒤, 진지에는 달랑 깃발만 세워 두었다.

"저길 좀 봐. 오용 두령의 말대로 적들이 이 쪽으로 오고 있어."

"쉿, 아직 소리를 내면 안 돼."

증장자의 오형제와 사문공이 날이 어두워진 틈을 타서 진지로 오는 것을 본 보초병이 잽싸게 송강에게 알렸다. 적들이 가까이 왔음을 안 송강은 뒤에서 기습 공격을 했다. 적들은 어쩔 줄을 몰라 갈팡질팡했다.

도망을 치던 사문공을 노준의가 창을 던져 쓰러뜨리고, 증장자의 오형제도 산채 두령의 손에 죽음을 당했다. 곧 송강은 군대를 이끌고 성안으로 들어갔다.

"이 곳 백성들을 해치는 병사에게는 엄한 벌을 내릴 것이다. 알겠느냐?"

"명심하겠습니다."

송강은 증장자의 모든 재물을 가난한 백성들에게 골고루 나누어 주었다. 백성들은 비록 도적의 무리이긴 하지만 송강의 은덕에 깊이 감사했다. 이 소문은 입에서 입으로 다른 마을에까지 전해졌다.

양산박으로 돌아온 송강 두령은 조개를 위하여 위령제를 성대하게 지냈다. 재를 올린 지 7일째 되던 날 밤이었다. 갑자기 천둥 소리가 들리며 북서쪽에서 불덩어리가 날아와 재단 위를 한 바퀴 돌고는 남서쪽에 쿵 하고 떨어졌다.

"하늘의 계시인가 보다. 어서 불덩어리가 떨어진 곳으로 가 보아라."

송강의 지시를 받은 졸개들이 불덩어리가 떨어진 곳에서 오래된 비석 하나를 끙끙대며 들고 왔다.

"비석에 이상한 글씨가 새겨져 있군. 그런데 도무지 무슨 내용인지를 모르겠네."

송강이 오용과 공손승을 불러 비석의 글자를 풀어 보게 했다. 오용 역시 모르겠다는 듯이 고개를 가로저었다. 그러자 옆에 있던 공손승이 비석의 글자를 한참 바라보더니 마침내 고개를 끄덕였다.

"이것은 하늘이 내려 준 천서입니다. 앞면과 뒷면에 새겨져 있는 것은 양산박의 108호걸의 이름입니다. 그리고 '하늘을 대신하여 길을 행하다'란 글자와 '충성과 의로움을 겸하다'란 글자가 그 밑에 쓰여 있군요. 즉, 우리 양산박의 호걸들이 하늘이 내리신 이러한 뜻을 잊지 말고 실천하라는 뜻입니다."

공손승의 풀이를 들은 송강은 가슴이 벅차올랐다. 곧 이 사실을 산채의 여러 두령들에게 알리고 앞으로 단결하여 어지러운 나라를 구하기 위해 힘을 쓰자고 다짐했다. 그 뒤 불량배들이나 사악한 관리들이 있는 곳에는 어김없이 양산박의 두령들이 나타나 그들을 혼내 주고 재물을 빼앗아 어려운 백성들에게 나누어 주었다.

"양산박의 호걸들은 우리에게 신령님과 같아."

"맞아, 나쁜 관리들을 혼내 주고 어려운 사람에게 구원의 손길을 뻗으니 말이야."

"나도 얼마 전에 양식이 떨어져 굶고 있던 터에 누군가가 우리 집 앞에 쌀가마니를 갖다 놓았지 뭔가? 양산박 두령들이 놓고 간 걸 거야."

백성들은 거리에 서서 양산박의 호걸들에 대한 칭찬을 하며 고마움을 나타냈다. 그 소문은 고구의 귀에까지 들어가게 되었다.

"이런! 백성들이 그런 도둑놈들을 두둔한단 말이지? 이번에야말로 저 놈들을 그냥 두고 볼 수가 없다!"

약이 잔뜩 오른 고구는 황제에게 이 사실을 아뢰었고, 황제는 고구의 말을 믿고 다시 10만 대군을 내려 주었다.

충신인 숙 태위를 비롯한 몇몇 신하들은 황제에게 이번 대군의 출병을 거두어 줄 것을 간절히 바랐다. 그러나 고구의 완강한 고집을 꺾을 수가 없었다. 고구는 곧 10만 대군을 출동시킬 군량과 자금을 마련하기 위해 여러 가지 명목으로 백성들에게 세금을 거두어들이기 시작했다.

"세금을 내지 않는 놈은 잡아다가 곤장을 쳐라. 무슨 수를 써서라도 백성에게 세금을 거두어라."

전국 곳곳에서 백성들의 원성은 나날이 높아만 갔다. 황제의 대군이 출동한다는 소식은 양산박 송강의 귀에도 들려왔다. 그는 두령들을 불러 모아 충의당에서 긴급 회의를 열었다.

"고구가 다시 10만 대군을 몰고 쳐들어온다고 합니다. 앞으로 어찌했으면 좋을지 의견들을 말해 보시오."

호걸들 중 이규가 자리에서 벌떡 일어섰다.

"도대체 황제께서는 우리들이 뭘 그렇게 잘못했다고 번번이 군대를 보내 우리를 치려고 한단 말입니까? 이번엔 10만의 관군을 보낸다니 기가 막힐 노릇이군요. 이 참에 아예 동경으로 쳐들어가 허수아비 황제를 내몰고 송강 두령을 새로운 황제로 내세우는 게 어떨까요?"

그러자 송강의 낯빛이 한순간에 변하더니 소리를 버럭 질렀다.

"그게 지금 무슨 말이냐? 조정에 죄를 짓고 이 곳에 피해 있는 이 곳 사람들에게 다시 황제에게 죄를 지으란 소리로구나. 내 마음은 하루속히 조정에 나가 죄를 용서받기 바라는 마음뿐인데, 네놈은 그게 아니로군. 이제야 확실히 네놈의 속마음을 알았으니, 여기서 네 목을 베

어야겠다."

오용이 얼른 나서서 송강을 말렸다.

"진정하십시오. 이규는 단지 송강 두령을 위한 충성심으로 그렇게 말한 것뿐입니다. 사실 황제의 군대라고는 하지만 고구의 사병이나 다름이 없지 않습니까? 이번 기회에 확실히 저들을 혼내 줍시다."

송강은 그제야 마음을 진정시키고 오용의 전략에 귀를 기울였다. 108명의 호걸들은 각자가 맡은 곳을 찾아 임무를 다했다. 이 무렵 고구는 양산박 가까이 제주성에 본거지를 정하고 있었다.

양쪽 군대가 정렬을 한 가운데 양산박의 선봉으로는 쌍창장 동평과 돌팔매의 명수 몰우전 장청이 나섰고, 고구 쪽에서는 절도사 왕문덕과 장수 양온이 앞장섰다.

"여기 동평 어른이 나가신다!"

"허, 도둑놈 주제에 말이 많구나. 어서 덤벼라!"

서로 겨루기를 시작한지 3백 여 합이 되었지만 좀처럼 승부가 나질 않았다. 장청이 달려나와 왕문덕의 얼굴을 겨냥해서 돌멩이를 던졌다. 양온이 왕문덕을 부축하기 위해 급히 달려나왔다. 이 순간을 놓치지 않고 두 번째의 돌멩이가 양온의 가슴에 날아들었다. 적의 두 장수가 말에서 떨어지자 군졸들이 두 장수를 말에 싣고 줄행랑을 쳤다.

"적들의 뒤를 쫓아라!"

양산박의 군대는 제주성까지 쳐들어갔다. 그러나 오용은 다시 작전을 세워 후퇴 명령을 내렸다.

"도둑놈들이 도망간다. 놓치지 말고 잡아들여라!"

관군들은 후퇴하는 양산박 군대를 쫓아 호숫가에 다다랐다. 이미 그 곳을 지키고 있던 관군의 수군들은 양산박의 군대가 후퇴하는 길을 막으려고 물 위로 배를 띄웠다.

"아니, 저 놈들이 어디로 가는 게야?"

양산박의 군대는 물로 가지 않고 강기슭 주변으로 흩어지더니 어느새 자취를 감추어 버렸다.

"안 되겠다. 산채로 직접 쳐들어가야겠다."

고구가 직접 수군의 배에 올라타자 열 명의 절도사가 각각 배를 타고 그 뒤를 쫓아갔다.

"쾅! 쾅......!"

관군의 수군이 탄 배가 강 한가운데로 나오자 어디서 날아왔는지 포탄이 쉴새없이 날아들었다.

"이크! 안 되겠군. 후퇴하라!"

관군이 허둥대며 배를 뒤로 물리려는 순간, 강기슭에서 모습을 감추었던 양산박의 군대가 가지런히 늘어서 위협을 했다. 다시 뱃머리를 돌리려는데 이번에는 양산박의 수군이 앞을 가로막았다. 앞으로 나갈 수도, 뒤로 물러설 수도 없는 상황에서 양산박의 두령들은 점점 포위망을 좁혀 들어왔다.

"큰일났습니다. 배 밑에 구멍이 뚫렸습니다."

"뭐야!"

양산박의 두령들이 물 속으로 들어가 고구의 배 밑에 구멍을 뚫어 놓았던 것이다. 배는 서서히 가라앉기 시작했다.

"하하하, 천하의 고 태위가 물에 빠져 죽게 생겼군."

산채의 장순 두령이 고구를 비웃었다.

"감히 내게 이런 짓을 하다니. 네 이놈! 어디 두고 보자."

위급한 순간이었지만 고구는 굴복하지 않았다. 장순은 고구의 배로 건너가 그와 함께 물 속으로 뛰어들어 싸웠다.

장순은 물 속에서 고구의 힘을 빼놓은 뒤, 원소이에게 손짓을 했다. 곧 고구를 사로잡은 장순은 크게 소리쳤다.

"관군들은 들어라! 너희들을 지휘하던 고구가 장순에게 붙잡혔다!"

양산박의 군사들은 창을 높이 들어 환성을 질렀다. 결국 관군의 절도 사들도 양산박에 항복을 해왔다. 싸움이 끝난 뒤, 관군의 포로와 전리품 들은 그 규모가 대단했다.

송강은 고구와 절도사들의 결박을 직접 풀어 주었다. 그리고 고구를 높은 자리에 앉게 한 뒤에 예를 올렸다.

"저를 비롯한 양산박의 두령들은 피치 못할 사정으로 죄인의 몸이 되어 이 곳에서 지내고 있지만, 결코 조정과 황제에 대항할 생각은 없습니다. 그 동안 관군과 맞서 싸운 것은 최소한의 방어일 뿐 대적하려 한 것이 아니었습니다. 우리들이 바라는 바는 여러분들이 동경으로 돌아가셔서 황제에게 우리들의 뜻을 전해 주시는 것입니다. 하루라도 속히 저희 죄를 용서받고 싶습니다."

고구는 송강의 공손한 태도와 말에 깜짝 놀랐다.

'흥, 저들도 황제 폐하가 무서운가 보군.'

이런 생각이 들기는 했지만, 송강을 보호하고 서 있는 노준의, 오용 등의 영웅 호걸들의 모습을 본 순간 기가 죽었다.

"무슨 말씀인지 알겠소. 동경으로 돌아가면 그대들의 뜻을 반드시 황제에게 전해 죄인의 신분에서 벗어날 수 있도록 힘써 보겠소."

"그렇게만 해 주신다면 더 이상 바랄 게 없습니다."

송강은 감사의 인사를 전하며 고구와 관군들을 위해 즉시 성대한 잔치를 열어 그들을 위로했다. 며칠 뒤 동경으로 돌아온 고구는 황제 폐하를 뵙고 이번 전투에서 갑작스런 병을 얻어 되돌아왔다고 전했다. 송강과 한 약속에 대해서는 아무런 말도 전하지 않았다.

그러나 곧 고구가 양산박의 호걸들을 맞아 싸움에 진 사실이 사람들의 입을 통해 온 동경에 퍼져 나갔다. 그제야 할 수 없이 고구는 황제 폐하를 뵙고 그동안 있었던 일을 사실대로 아뢰었다.

"뭐야? 그런 일이 있었다니……!"

황제는 깜짝 놀라며 고구에게 명령을 내렸다.

"양산박의 108 호걸들을 모두 동경으로 불러들여 그 죄를 사해 주고 직분에 맞게 벼슬을 내려 주어라. 그리고 요새 우리 국경을 자주 넘보고 있는 금나라를 상대로 국경을 수비하는 데 힘쓰게 하라."

"예, 분부대로 거행하겠습니다."

고구는 황제의 칙서를 들고 양산박을 찾아 송강 두령에게 전달했다. 마침내 죄인의 신분을 벗고 자유의 몸이 된 양산박의 108 영웅 호걸들은 조정으로 들어와 각각 벼슬을 얻고 국경 수비에 전념했다.

하늘의 뜻을 받들고 태어난 108 영웅들은 당당히 나라를 위해 일하는 조정의 신하로 충성을 맹세했다.

작품 알아보기
(장편문학)

〈수호지〉는 중국 북송 휘종 때 산동성 수장현의 양산박에서 관군에 대항한 108명의 영웅 호걸들이 의를 행한 사건이 민간에 전해지면서 소설이 되었다. 이것이 송나라 말기의 〈대송 선화유사〉, 〈양산박 영웅 송강기〉와 원나라 초기의 잡극 등을 종합해 문학 작품으로 탄생한 것이다.

〈수호지〉는 여러 종류의 판본이 있어 각 판본에 따라 내용에 차이가 있으나, 기본적인 줄거리는 수령인 송강을 중심으로 108명의 영웅들이 의로운 일을 하면서 살고자 산록 호숫가에 양산박이라 일컫는 산채를 만들어 활동하는 데서 시작한다. 이들은 조정의 부패를 통탄하고 관료의 비행에 반항하는 활동을 하는데, 그들의 세력이 너무 강하고 신출귀몰해서 좀처럼 잡을 수가 없었기 때문에 나라에서도 그들을 진압할 수는 없었으나, 송강을 회유하여 귀순시킨 다음 북쪽의 적을 진압하는 공을 세우게 하는 것으로 끝이 난다.

〈수호지〉는 시대를 초월하여 사람들에게 인기가 있었으며 심지어 명나라 말에 출몰했던 많은 도적들은 〈수호지〉에 등장한 구호나 전법등을 흉내내기까지 했다고 한다. 우리 나라의 〈홍길동〉도 〈수호지〉의 영향을 받은 작품이다.

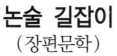

논술 길잡이
(장편문학)

❶ 아래 그림은 노지심(노달)이 절 앞에 있는 정자의 기둥을 잡아당기는 장면이다. 하급 관리였던 노달이 어떻게 가짜중 행세를 하게 되었는지 그 경위를 적어 보자.

....

....

....

....

....

논술 길잡이
(장편문학)

❷ 다음 등장 인물들의 말과 행동을 통하여 각자의 성격을 파
악해 보고, 그 근거를 찾아 써 보자.

등장 인물	성 격	근거(말이나 행동)
고 구		
송 강		
임 충		
조 개		
오 용		

논술 길잡이
(장편문학)

❸ 다음은 이규가 '허수아비 황제를 몰아내고 송강을 새로운 황제로 내세우자.' 라는 말에 송강이 크게 화를 내는 대목이다. 글을 읽고 송강의 참뜻을 생각해 보고 쓰라.

"그게 지금 무슨 말이냐? 조정에 죄를 짓고 이 곳에 피해 있는 사람들에게 다시 황제에게 죄를 지으란 소리로구나. 내 마음은 하루속히 조정에 나가 죄를 용서받기 바라는 마음뿐인데, 네놈은 그게 아니로군. 이제야 확실히 네놈의 속마음을 알았으니, 여기서 네 목을 베어야겠다."

논술 길잡이
(장편문학)

❹ 금군 교관이던 임충은 왜 유배길에 오르게 되었으며, 어떤 경로를 거쳐 양산박 두령이 되었는지 본문에서 찾아 써 보자.

---

❺ 송강은 양산박의 두령인 오용과 궁수 화영 등이 찾아와 같은 일원이 되어 달라고 부탁했을 때, 왜 이를 완강히 거절했는지 그 이유를 써 보자.

논술 길잡이
(장편문학)

❻ 한 통치자의 잘못된 인물 등용이 그 국가의 흥망성쇠에 어떤 영향을 미치는지, 황제 철종과 태위 고구를 통하여 생각해 보고 논술하라.

....

....

....

....

❼ 〈수호지〉는 중국 '4대 기서' 의 하나로 꼽힌다. 나머지 3가지 작품은 무엇이며, 이들이 중국의 대표적 고전으로서 높이 평가받고 있는 주요 공통점을 알아보고 쓰라.

....

....

....

....